JN334670

中小企業のための
BCP策定
パーフェクトガイド

髙荷智也
Tomoya Takani

Nanaブックス

はじめに

■本書の内容と特徴

　本書は、自社でオリジナルの「BCP（Business Continuity Plan）：事業継続計画」を策定したいと考えている中小企業で、経営者の方や実際に作業を行う担当者の方に向けた、「"超・各論"による作業手引き書」をイメージして執筆いたしました。分かりやすい言葉、詳細な作業手順、各論による個別対策の方法などを詰め込んでおりますので、「BCPが何かは理解したが、その作成手順が分からない」と言う方に最適の書となっています。中小企業の皆さまにとっては具体的な作業の手引き書として、大企業の皆さまにとってはBCP作成・運用時の各論対策に関する副読本として、それぞれ大いにご活用いただける内容となっています。

　こうした方針に基づき本書は、「BCPとは？」という総論に関する解説項目は最小限にとどめ、丸々1冊全てを具体的な作業手順のみで構成しております。流れを具体的に説明するため、BCP策定に必要な作業を「BCP担当者の任命」から「保守・運用」まで39の工程に分け、第1章の先頭から順番に並べています。また、作業に必要となるテンプレートや分析シートを、すぐに使える32種類の様式として掲載していますので、途中で分からなくなって作業を中断するということがないような工夫をしています。さらに、それぞれの作業において特に重要なポイントは強調して記すことで、大切な点を見落とすことがないようにしました。

　BCPの構成そのものは国のガイドラインなどに準拠しておりますので、突拍子もない内容にはなっていませんが、それらとの相違点は、完成させるBCPが単に書類としての項目を満たすのではなく、実際の非常事態に「緊急時対応マニュアル」としても利用できる、災害発生時の初動対応と仮復旧に役立つものになることを重視している点です。また、BCPの前提として特に重要な防災対策、従業員の命を守るための地震対策や防災備蓄、安否確認などのポイントに

ついても多くのページを割いており、災害発生時において被害を軽減するための防災対策と、被害が生じた際に必要な再調達の両面について準備が行えるようになっていることが特長です。

■本書の目的と活用法

　本書の目的は、外部のコンサルタントなどの力を借りずに自社のみでBCPを作成し、さらに完成したBCPの保守・運用を行っていくための生きたノウハウを身に付けていただくことにあります。書類としてのBCPを手早く完成させたいのであれば、コンサルタントなどに作成依頼をすることが最短の手段となりますが、自社の実情に合った緊急時に役立つBCPを作成するのであれば、自ら考え、手を動かし、作業の履歴を残していく必要があります。本書の作業手順と様式を活用することで、あたかも専門家の指導を仰ぐような形式で、BCP策定のノウハウを学んでください。

　現在、国内で公開されているBCPに関する資料や書籍、セミナーは、大本をたどると2つのガイドラインにたどり着きます。1つは2005年に内閣府から発表され2013年に改訂第三版が公開されている「事業継続ガイドライン」、もう1つは2006年に中小企業庁から発表され、2012年から第2版が公開中の「中小企業BCP策定運用指針」です。これらは「BCPとは？」という基礎を学んだり書類としての計画を作成したりする際には役立ちますが、性質上どうしても最大公約数的な内容になっているため、緊急時に活用できる自社独自のBCP作成には向いていません。各自治体や商工会議所が公開しているBCPのテンプレートや、専門家が執筆している書籍もこの2つがベースになっていることが多いのですが、このような理由で突っ込んだ内容の資料は少数となっています。

　本書は、広く浅い既存の資料や書籍とは方向性を変え、具体的な作業手順のみで内容を構成することで、中小企業がBCPを作り、改善し、発展させられることをゴールとしています。さらに、計画の策定を通じた経営改善にも積極的に取り組んでいただけるよう、経営改善に関する多くのポイントを盛り込んでおります。ぜひ本書を活用し、BCPという経営手法を自社の新たなる強みとして活用できるよう、事業継続計画の策定に取り組んでいただければ幸いです。

CONTENTS

はじめに…2

序章　中小企業のBCP…8

「BCP：事業継続計画」とは…8
BCP策定の注意点とポイント…14
BCP策定手順の概要・全体の流れ…17
　①担当者設定＋プロジェクトチームの立ち上げ…22
　②災害リスクの想定…24
　③従業員の命を守る事前防災対策…26
　④経営資源（BCPで守るべき対象）の特定…28
　⑤災害リスク評価（防災・再調達の優先順位設定）…32
　⑥個別対策計画（個別防災対策＋再調達計画）…34
　⑦緊急時対応マニュアルの作成…36
　⑧BCPの書類化（BCPドキュメントの作成）…38
　⑨BCPの有効性確認…40
　⑩BCPの保守・運用…42

第1章　担当者設定…44

作業1 ▶ BCP作成の目的・ゴールイメージの作成…47
作業2 ▶ 担当者設定・プロジェクトチームの立ち上げ…50
作業3 ▶ BCP策定のスケジュール設定…53

第2章　災害リスクの想定…56

作業4 ▶ 自然災害による災害リスクを知る…60
作業5 ▶ 自前災害以外の災害リスクを知る…69
作業6 ▶ 自社における災害リスク想定をする…73

第3章　事前防災対策…78

- 作業7 ▶ 地震対策(強い揺れから命を守る準備)…82
- 作業8 ▶ 二次災害・自然災害対策(避難で命を守る準備)…87
- 作業9 ▶ 防災備蓄・帰宅困難対策(帰宅抑制の準備)…91
- 作業10 ▶ 安否確認対策(従業員及びその家族の安否確認の準備)…98

第4章　経営資源の特定…106

- 作業11 ▶ 中核事業の設定…110
- 作業12 ▶ 重要業務の洗い出し…114
- 作業13 ▶ 目標復旧水準・目標復旧時間の設定…118
- 作業14 ▶ 経営資源の特定…125

第5章　災害リスク評価…134

- 作業15 ▶ 経営資源が失われた場合の影響想定…137
- 作業16 ▶ 災害リスクによる被害想定…141
- 作業17 ▶ ボトルネックとなる経営資源を定める…143

第6章　個別対策計画…148

- 作業18 ▶ 個別対策計画の作業シートの準備…151
- 作業19 ▶ 人の再調達…154
- 作業20 ▶ 設備や機材の再調達…159
- 作業21 ▶ 情報の再調達…161
- 作業22 ▶ 仕入れ・取引先の再調達…163
- 作業23 ▶ 外部サービスの再調達…166
- 作業24 ▶ インフラの再調達…167
- 作業25 ▶ 市場・取引先の対策…171
- 作業26 ▶ 財務診断・キャッシュフロー対策…173

第7章　緊急時対応…178

- 作業27 ▶ 緊急時の初動対応の事前準備…182
- 作業28 ▶ 緊急時の状況確認の事前準備…189
- 作業29 ▶ 仮復旧の事前準備…196
- 作業30 ▶ 本格復旧の事前準備…199

第8章　BCPの書類化…202

- 作業31 ▶ 緊急時対応マニュアル（BCP本体）のまとめ…205
- 作業32 ▶ BCP策定資料のまとめ…207
- 作業33 ▶ BCP保守・運用マニュアルのまとめ…209

第9章　有効性確認…212

- 作業34 ▶ 有効性確認の準備…216
- 作業35 ▶ 個別文章確認（ドキュメントの個別チェック）…218
- 作業36 ▶ 実地テスト・机上演習（緊急時を想定した有効性確認）…220

第10章　保守・運用…224

- 作業37 ▶ 演習や訓練を通じてBCP活用の練度を上げる活動…227
- 作業38 ▶ BCPのバリエーションを増やす活動…231
- 作業39 ▶ 記述内容を最新状態に保つ活動…233

おわりに…236

ワークシート様式一覧

- 様式1　BCPプロジェクト担当者一覧…51
- 様式2　BCP策定スケジュール…54
- 様式3　災害リスク想定シート…75
- 様式4　事前防災対策管理表…83

様式 5	救助用品／応急救護用品一覧表…86
様式 6	避難計画シート…89
様式 7	防災備蓄用品一覧表…93
様式 8	従業員連絡先一覧表…100
様式 9	緊急情報カード（個人情報収集に関するアンケート）…101
様式 10	事業中断による影響度分析シート…113
様式 11	重要業務の洗い出しシート…116
様式 12	事業中断の期間別影響度分析シート…120
様式 13	中核事業カード…123
様式 14	重要業務カード…124
様式 15	経営資源一覧表…128
様式 16	経営資源カード…131
様式 17	経営資源の再調達時間・代替の可否…139
様式 18	経営資源 × 災害リスク　被害想定シート…142
様式 19	BCP 個別対策優先度シート…145
様式 20	防災／再調達・事前対策管理シート…153
様式 21	復旧費用算定シート…174
様式 22	事業中断時キャッシュフロー算定シート…174
様式 23	復旧費用調達シート…176
様式 24	緊急時対応管理表…183
様式 25	緊急時ウェブサイト更新マニュアル…187
様式 26	対策本部設置手順シート…193
様式 27	被害状況確認シート…196
様式 28	BCP 様式一覧表…210
様式 29	テスト／演習評価シート…217
様式 30	テスト／演習改善内容管理シート…217
様式 31	従業員別　防災・BCP 訓練受講管理表…229
様式 32	BCP 一覧表…232

序章

中小企業のBCP
～BCP策定の流れを知る～

BCPの意義と必要性を正しく理解します。BCP策定は重要な本体部分を作成する前の準備段階が長く、なぜこの作業をするのかを理解した上でなければ十分な準備を行うことができないため、まず最初にBCP策定全体の作業イメージをつかむことが重要です。

「BCP：事業継続計画」とは

BCPが必要な状況とは

「BCP（Business Continuity Plan）：事業継続計画」は、企業が自然災害や大事故、不祥事や取引先の倒産などの災害に見舞われた際に、自社を倒産させたり事業を縮小させたりすることがないようにするための「事前の準備」と、実際に災害リスクが発生した場合の「緊急時対応マニュアル」をまとめた計画です。緊急時対応マニュアルは非常時に用いるものですので、事前に紙に印刷してファイルにとじてキャビネットなどにしまっておくか、従業員に配布しておきます。

BCPを策定する際には、事業が停止してしまった場合にどのくらいの時間で事業を再開するのかという「目標復旧時間」と、その際にどの程度の水準で業務を行うのかという「目標復旧水準」を定めます。実際に緊急事態が生じて事業が停止してしまった際には、緊急時対応マニュアルの手順に従って安否確認や被害状況の調査を行います。被害が大きく平常業務の延長では目標復旧時間以内に目標復旧水準の業務を開始できそうにないと判断された場合、「BCP発

動＝非常事態宣言」をして、動ける人員や使える機材を集中して仮復旧を行うことになるのです。

　しかし、「BCP発動＝非常事態宣言」は自然災害などが生じた場合に必ず実施されるわけではなく、「かなり危険な緊急事態」にのみ用いられるものです。例えば、3.11東日本大震災時における首都圏のように、公共交通機関が停止して従業員の半分が翌日まで帰宅できなかったとか、計画停電に巻き込まれて1日だけ操業が停止したという状況はどうでしょう。これらは確かに非常事態ではありますが、恐らくは会社が潰れる、潰れないの瀬戸際に立つほどの事態にはならず、平常業務の延長で何とかすることができる程度と思われますので、BCPを発動して非常事態宣言をする必要はありません。

　BCPが求められる緊急事態とは、企業の存続を左右するような事態が該当します。例えば、巨大地震が発生してオフィスや工場、店舗が完全に破壊された、というのは分かりやすい事例ですが、原因となる災害リスクは大地震だけではありません。

- 強毒型の新型インフルエンザパンデミック（全世界的流行）が発生して、従業員の8割が1カ月間出社できない。
- 某地域で戦争が発生して原油の輸入がストップし、電力が平常時の3割しか供給されない。
- 自社から遠く離れた場所で大地震が起こり、自社は無傷だったが、製造に必須である部品を製造している取引先が倒産した。

　以上のように、「平時の延長体制」ではどうにもならないような、本当の緊急事態に対する備えがBCPなのです。また、この場合の災害リスクは自然災害に限定されず、対象範囲も自社だけでなく地域や取引先を含みます。こうした、あらゆる不測の事態から事業を守るための全方位計画が、BCP：事業継続計画です。

図：BCP が必要な状況

「BCP：事業継続計画」の出番はあまり多くありません

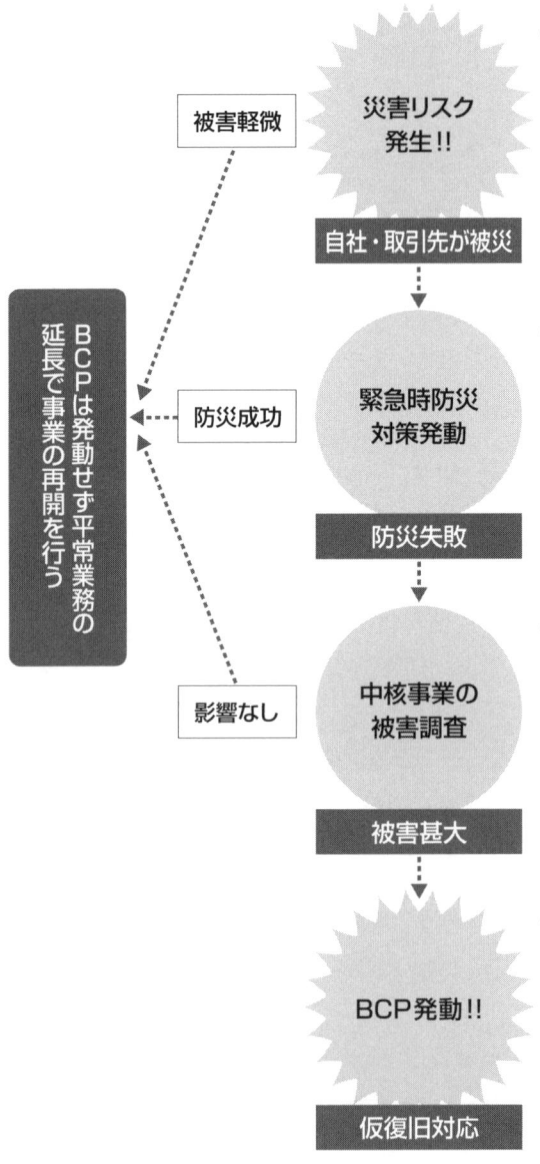

災害リスク発生!!

- 被害軽微 → BCPは発動せず平常業務の延長で事業の再開を行う

① 台風が上陸したが遠くを通過した、地震が起きたが揺れが小さかったなど、自然災害や大事故などが発生しても、**自社及び取引先に影響がなければもちろんBCPの発動は不要**です。

↓ 自社・取引先が被災

緊急時防災対策発動

- 防災成功 → BCPは発動せず平常業務の延長で事業の再開を行う

② 洪水が発生したが土嚢を積んで対応した、火災が発生したがすぐに消火できた、ネットに誹謗中傷を書き込まれたがすぐ削除できたなど、**緊急時の防災対策が機能して被害が抑えられた場合もBCPの発動は不要**です。

↓ 防災失敗

中核事業の被害調査

- 影響なし → BCPは発動せず平常業務の延長で事業の再開を行う

③ 洪水で倉庫が浸水した、大地震で製造設備が破壊された、計画停電で店舗の1つが営業できなかったなど、**自社に被害が生じても「中核事業」に関わらないものであればBCPの発動は不要**です。

↓ 被害甚大

BCP発動!!

↓ 仮復旧対応

④ BCPが必要になるのは、自社の事業継続を左右する「中核事業」が停止し「目標復旧時間」以内に「目標復旧水準」の業務が再開できない場合です。**平常業務の延長で対応できる場合は、BCPを発動せずに対処します。**

⏏ BCPの中身について

　BCPは「事前の準備」と「緊急時対応マニュアル」の2つのドキュメントを作成することがゴールとなりますが、作成する過程で行う分析や調査、また作成した後に必要となる保守と運用についても、レポートや手順書を作成してまとめる必要があります。成果物としてのBCPドキュメントは、大きく3つの書類に分割されます。

①BCP本体

　BCP本体には「事前の準備」をまとめた計画書及び進行管理表と、「緊急時対応マニュアル」が含まれます。事前の準備は、例えば、建物の耐震補強、設備の固定、防災備蓄、安否確認システムの導入、予備機材の準備、情報の多重バックアップといった物理的なものから、仕入れ先の分散化、取引先との緊急時協定の締結などの概念的なものまで含まれますが、時間がかかる取り組みの場合は数年単位で投資をしていく必要がありますので、計画を立てたらきちんと実行ができるように管理し続ける必要があります。

　緊急時対応マニュアルは、①災害発生直後の初動対応、例えば、人命救助や応急手当、火災の初期消火や土嚢の設置、消防や警察への連絡や避難の準備といった、命を守り被害を拡大させないための対応、②緊急対策本部の設置から、安否確認や被害状況の調査といった「BCP発動＝緊急事態宣言」をするかどうかの判断を下すための準備、そして、③業務の手作業対応時のフロー、情報のリカバリー手順、予備設備の起動方法などをまとめた仮復旧手順の3つで構成されています。

　個人事業主や従業員数名の小規模企業の場合は、代表者が事業内容も必要なものも全て把握しているでしょうから、BCPの策定を始める際にいきなり事前の準備と緊急時対応マニュアルの作成を進めても構いません。しかし会社の規模が大きくなると、事前の準備にしても、仮復旧の手順にしても、守るべき対象とするモノ（従業員・設備・情報・取引先など）が増えるに従って考えることが膨大になるため、自社全ての事業をBCPの対象として準備することは現実的ではありません。

　そのため、BCPを策定する際には、自社全ての事業、業務、設備を守るため

の計画を立てるのではなく、「特に重要な」「最初に再開させたい」「売上の大半を稼いでいる」「一時も止められない」事業を選び、集中的に事前の準備と緊急時の対応を定めます。この重要な事業を選ぶ作業を先に行い、「BCPで守るべき対象」を定めたら、事前の準備や緊急時対応マニュアルの策定を行います。また、この重要な事業は永久不変ではなく、自社の状況や経営環境によって変更したり、最初は１つだけを選んでBCPを策定し、徐々に「BCPで守るべき対象」を増やしていったりという場合もありますので、重要な業務を選ぶ作業は毎回使い捨てで行うのではなく、後日反復できるように「事前分析レポート」としてまとめておきます。

②BCP事前分析レポート

　事前分析レポートは、「どんな災害リスクに襲われるか」「どの事業をBCPで守るか」「守るに際してボトルネックとなりそうな、厳重に守らなければならない対象はあるか」の３点を調査分析して盛り込みます。自社の主力事業に変化が生じた際や、主要な取引先が変更になった場合、また、移転をして周囲の環境が変わった場合などはその都度事前分析をやり直す必要がありますので、事前分析の結果はレポートにまとめておき、再度分析をやり直す際に参考として使えるように整理しておきます。

③BCP保守・運用手順書

　BCPは「事前の準備」と「緊急時対応マニュアル」を作って終わりではなく、常にメンテナンスをし続ける必要があります。連絡先や備蓄品のリストを更新したり、事前分析を再度行う必要がないか確認したり、従業員に救命救急のスキルを身に付けさせたりと、１年単位でBCP保守・運用の計画を立てて実施することが重要です。そのために必要なリストや手順書も、BCPドキュメントとしてまとめておきます。

序章　中小企業のBCP

図：BCPドキュメントの中身

BCPとは何か

▼

『緊急事態が生じても「**事業**」を止めないための計画と準備』
具体的には、「**目標時間**」以内に「**目標水準**」の業務を再開するための準備。

BCPドキュメント一式

【BCP本体】
- 事前の準備
  - 防災・備蓄
  - 資金繰り
  - 予備機材準備
- 緊急時対応マニュアル
  - 避難
  - 対策本部
  - 仮復旧手順

【BCP事前分析レポート】
- 災害リスクの想定
- 事業影響度分析
- 災害リスク評価

【BCP保守・運用手順書】
- 連絡先の更新、備蓄品の管理
- BCP定着の演習、救命救急訓練
- BCPの見直し、新規追加の作業

① BCPのゴールは以下を作り、運用すること。
　「事前の準備」
　「緊急時対応マニュアル」
個人事業主や社員数名の会社であれば事前準備なしでの作成も可能。

※ 緊急事態が生じた際に必要なのは「緊急時対応マニュアル」だけなので、これは紙に印刷して取り出しやすい書類棚にしまっておく。その他はPCファイルのみでもOK。

② 従業員が10名を超えると事業範囲が広くなり、いきなりBCP本体を作るのは難しくなるため、事前分析作業を行ってBCP作成の準備をします。

③ BCPには連絡先一覧表や備品管理表など定期的に更新が必要なリストが多いため、常に最新版に保つ「保守」が必要。また、訓練やBCP全体の見直しなどを定期的に行う必要があるため、保守・運用もマニュアル化して管理をする必要があります。

POINT 大企業と中小企業のBCPの違い

　大企業のBCPは、拠点が複数あることを前提として、災害発生から一定時間以内に外部からの支援が得られる想定で緊急時対応を策定します。しかし、中小企業の場合、基本的に拠点は1つと考え、系列の取引先や親会社などがなければ基本的に外部からの支援は望めず、自社内で何とかすることを前提とした緊急時対応を策定します。使える経営資源の絶対量が異なるのはもちろんですが、さらに、物理的に距離の離れた代替拠点があるかどうかが、大企業と中小企業のBCPにおける大きな前提条件の違いであるといえます。

BCP策定の注意点とポイント

➤ BCP策定の落とし穴

　非常事態に対して、BCPではどのような準備と備えを行うのでしょうか。防災であれば、地震対策には棚の固定をして、台風に対しては土嚢を用意して、火災に対しては消火器を用意してと、想定する災害に対して1対1で、被害を起こさないための準備を行います。しかし、BCPの場合は、想定すべきリスクは自然災害だけではなく、感染症、事故、不祥事、取引先の倒産から社会不安まで、あらゆる状況に対する準備を行わなければなりませんから、1対1の対応には限界があります。というよりも、想定外ばかりになる恐れがあるため無意味です。また、BCPが必要になるのは業務全てが停止するような非常事態ですから、投入できる人員にも、使える設備にも、また、時間にも制約があることが前提となります。

　そこでBCPの場合は、自社の業務が停止した際に、全ての事業ではなく、特に重要な事業を優先的に再開させるということを基本とし、また、災害による被害を未然に防ぐ防災対策ではなく、被害が起こることをある程度前提にして、いかに再調達をするかという計画を重視します。つまり、BCPとは「中核事業に必要な経営資源を再調達する計画」ともいえます。ところが、このBCPには1つ落とし穴があるのです。

序章　中小企業のBCP

図：BCPが対象とする領域と落とし穴

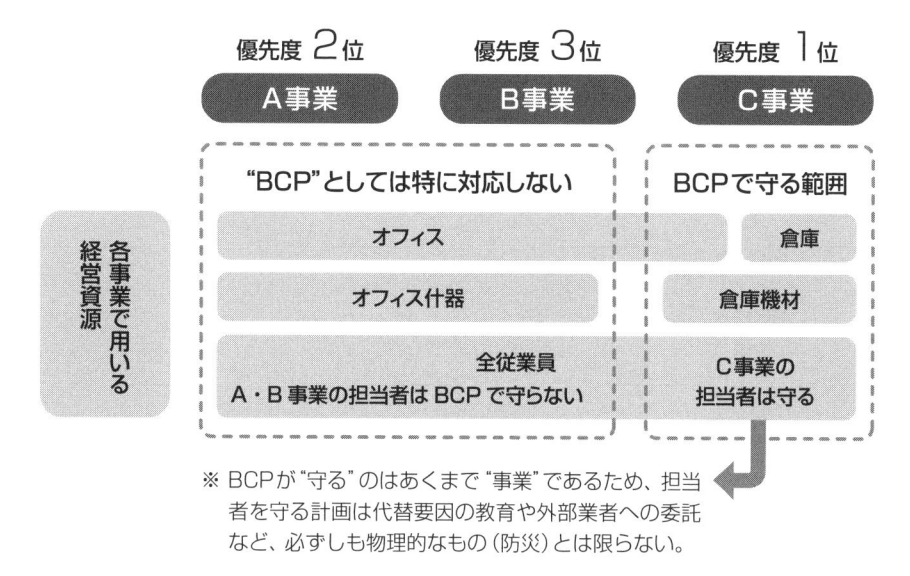

	優先度2位 A事業	優先度3位 B事業	優先度1位 C事業
各事業で用いる経営資源	"BCP"としては特に対応しない		BCPで守る範囲
	オフィス		倉庫
	オフィス什器		倉庫機材
	全従業員 A・B事業の担当者はBCPで守らない		C事業の担当者は守る

※ BCPが"守る"のはあくまで"事業"であるため、担当者を守る計画は代替要因の教育や外部業者への委託など、必ずしも物理的なもの（防災）とは限らない。

　BCPでは非常事態に対応するため、特に重要な事業と、その事業に必要な人員や設備に絞って、事前の対策を施します。BCPの対象となった事業、中核事業はよいのですが、対象としなかった事業に対する緊急時対応はどうしても優先度が低くなり後回しとなってしまいます。そうしますと、例えばワンフロアに全員が入居している場合に、この部署は中核事業に関与しているから出入り口に近い安全な場所にデスクを配置して、こっちの部署は中核事業に関係ないから倒れやすいキャビネットが多いフロアの奥にデスクを配置しようとか、そういったことがBCPの概念上はあり得てしまうのです。

　また、BCPは想定外を含む複数の災害リスクに対応するため、防災よりも再調達に力を入れた対策を講じますが、この場合、「ヒト」という経営資源も極端なことをいえば再調達すればよい対象となります。重要な業務に携わっている人について、いついなくなっても、失っても大丈夫なように、業務のマニュアル化を行ったり、配置転換しやすい部署の設計にしたりということがBCPにおいては求められるのです。BCPは、防災を必須項目ではなく、前提に置いているため、意識して取り組まなければ会社全体の防災力は強化されません。ま

ず最初に、従業員の命を守る計画を実施する必要があるのです。

BCPをたんすの肥やしにしないために

　BCPで定める事前の準備と非常時の行動計画は、事業の継続を左右するような緊急事態に対して有効であり、従来の防災対策では対応しきれなかった範囲のリスクにまで備えておけるため、BCPを新規に作成するメリットがあります。しかしその反面、「事業の継続を左右するような緊急事態」などという代物はそうやすやすと生じるものではなく、約40年の会社員生活において一度もそのような事態に遭遇せずに定年を迎えたというような方が、実際のところは大半になります。緊急事態に役立つBCPにしようと力を入れるほど、当然作成コストもかかりますが、数十年に一度役立つかどうかという災害リスクへの投資としては、やや割に合わないということも考えられます。

　せっかく苦労して作成したBCPも、緊急事態が（幸運にも）生じることがないまま1年、2年と時が過ぎると、次第に存在を忘れられ、ましてBCP作成担当者が退職でもしようものなら、BCPが存在することを覚えている者が誰もいなくなるということが生じかねず、たんすの肥やし状態になってしまいます。この状況を回避するにはどうすればよいのでしょうか。

　BCPをできるだけ活用するためには、本当の緊急事態以外のシーンでも利用できるようにすることです。数十年に一度の災害だけでなく、毎年生じる可能性がある比較的身近な災害リスク、設備の故障や従業員の退職といった通常起こり得る出来事などに対しても、BCPでまとめた各種の資料や仕組みを使えるようにすることで、BCPを登場させる頻度を高めることができます。大災害だけでなく身近なトラブルにも役立つBCPという認識を定着させましょう。そのためには、各種のワークシートを作ったりまとめたりする際に、総論だけでなく、できるだけ各論でワークシートを作成するようにします。非常時の業務維持をどうするかというざっくりとした計画だけでなく、業務のマニュアル化、パソコンの復旧方法をまとめた手順書、見積書・契約書・保証書・メンテナンス書類を一括してまとめたファイル作成など、日々の業務レベルでも使える細かさでBCPの末端書類を作成しておくと、日常に近いトラブルでも活用することができるようになります。

さらに、BCPを緊急時やトラブル時だけに活用するのではなく、経営改善の一環としても用いることができれば、単なるコストではなく売上を上げるための投資の1つと見なして有効活用することができます。本書でも経営改善のポイントをいろいろと紹介していますが、人材の育成、業務の効率化、経営戦略の見直し、福利厚生の導入、コミュニケーションの改善など、さまざまなシーンでBCP策定による経営の最適化を図ることができます。BCPを大災害へのお守りとして神棚に祭ることはせず、ぜひ普段から使える経営手段の1つとしてのBCPを目指してください。

BCP策定手順の概要・全体の流れ

それでは早速BCP策定の手順について説明をしていきますが、BCP策定は重要な本体部分の作成をする前の準備段階が長く、全工程の半分以上は準備のための作業を行うことになります。そのため、まず全体の作業イメージを何となくつかんでからでなければ、「なぜこの作業をするのか？」が分からないまま進めることとなり非効率です。そこでまずは、BCP策定の流れのポイントを最初から最後まで説明してから、具体的な手順の説明を進めていきます。本書では、BCP策定を以下の10段階の手順で進めていきます。

①担当者設定＋プロジェクトチームの立ち上げ

どこかへ提出するためのBCPドキュメントを作成するだけであれば、経営者がテンプレートを使って半日程度缶詰になれば作成することは可能です。しかし、このBCPドキュメントはおそらく緊急事態には役立ちません。非常時に役立つBCPを作るためには、全社横断プロジェクトチームを立ち上げ、現場担当者の話を聞きながら計画を立てる必要があります。そこでまず最初に担当者の設定とプロジェクトチームの立ち上げを実施します。

②災害リスクの想定（どんなリスクに見舞われるか）

BCPで事業を守るための対策は「防災」と「再調達」に分けられますが、防災対策の実施には何から守るのかという脅威を明らかにする必要があります。

そこで、自社が襲われる可能性のある災害リスクを特定する作業を行います。

③事前防災対策（従業員の命を守るための防災対策を立てる）
「BCP策定の落とし穴（P.14）」で説明した通り、BCP策定では意識して防災対策に取り組まなければ従業員の命を守るための環境が作れません。災害リスクを想定したら、BCP本体の策定へ進む前に、それらの災害から従業員を守るため、まず全社共通の防災対策を実施することが重要です。

④経営資源の特定（BCPで守るべき対象を明らかにする）
ここからがBCP策定の本番です。BCPが用いられる状況は緊急時であり、使える経営資源は限られるため、事業が停止してしまった場合でも全ての業務を同時に再開させることはできません。そこで、BCPで守るべき対象として「中核事業」「重要業務」「経営資源」を特定し、どのくらいの水準で、いつまでに再開させるのかという「目標復旧水準」と「目標復旧時間」を定めます。

⑤災害リスク評価（防災・再調達を実施する際の優先順位を定める）
BCPで守るべき経営資源を特定したら、どの経営資源から順番に防災や再調達の準備を行うのか、また、実際に緊急事態が生じた際にどの経営資源から仮復旧をさせるのかという優先順位を定めます。この際、一度失うと再調達に時間がかかり、代替も難しい経営資源を「ボトルネック経営資源」と称し、重点対策の対象として区別します。

⑥個別対策計画（個別防災対策＋再調達計画）
BCPで守るべき対象と対策を講じる優先順位を定めたら、いよいよ具体的な対策の検討を進めます。自社内部に保有する「ヒト」「モノ」「情報」に属する経営資源については防災と再調達の計画を、社外から調達する「仕入れ」「外部サービス」「インフラ」に属する経営資源については再調達の計画を、それぞれ個別に立てていきます。また、緊急事態が生じた際の顧客や市場へのコミュニケーションや、緊急時の資金調達についてもここで計画します。

⑦緊急時対応（緊急時対応マニュアル作成の準備をする）
　実際に緊急事態が生じた際、事前に定めた防災対策・仮復旧の計画に基づいて事業を守る対応が行えるように、緊急時の行動の仕方をまとめます。災害が生じた直後の「初動対応」、BCPの発動＝緊急事態宣言をするかどうかを定める「状況判断」、そして、BCPの計画に基づいて実施する「仮復旧・本格復旧」の各手順について計画をまとめます。

⑧BCPの書類化（ドキュメントを作成する。狭義のBCP作成）
　ここまでに検討した全ての内容を整理して書類にまとめます。特に重要なのは緊急時に用いることになる「緊急時対応マニュアル」の作成で、このマニュアルだけは紙に印刷してファイルにとじ、停電時でも、PCが破壊されても、すぐ閲覧できるように準備しておきます。

⑨有効性確認（BCPが正しく使えるかテストする）
　作成した緊急時対応マニュアルが非常時に機能するか、事前に施した防災対策や仮復旧の準備が緊急時に役立つかなど、役立つBCPが作成できたかどうかをテストします。

⑩保守・運用（訓練と演習、BCPの種類追加、書類の更新）
　テストの結果、BCPが機能することが分かれば、策定作業は完了です。しかし、BCPは定期的にメンテナンスして一覧表を最新状態に保ったり、従業員に緊急時の活用方法や防災スキルの教育をしたりしなければ、次第に役に立たないものになってしまいます。また、BCPは１種類だけでなく、守りたい事業の種類や、備えたい脅威の種類ごとに複数を作成することが望ましいものです。これら、BCPを作成した後の運用管理もBCP策定の一環として継続的に実施します。

　22ページから、①〜⑩までの策定手順を詳しく見ていきましょう。

図：BCP策定の流れと概念・防災とBCPの違い

① 担当者設定・PJT立ち上げ

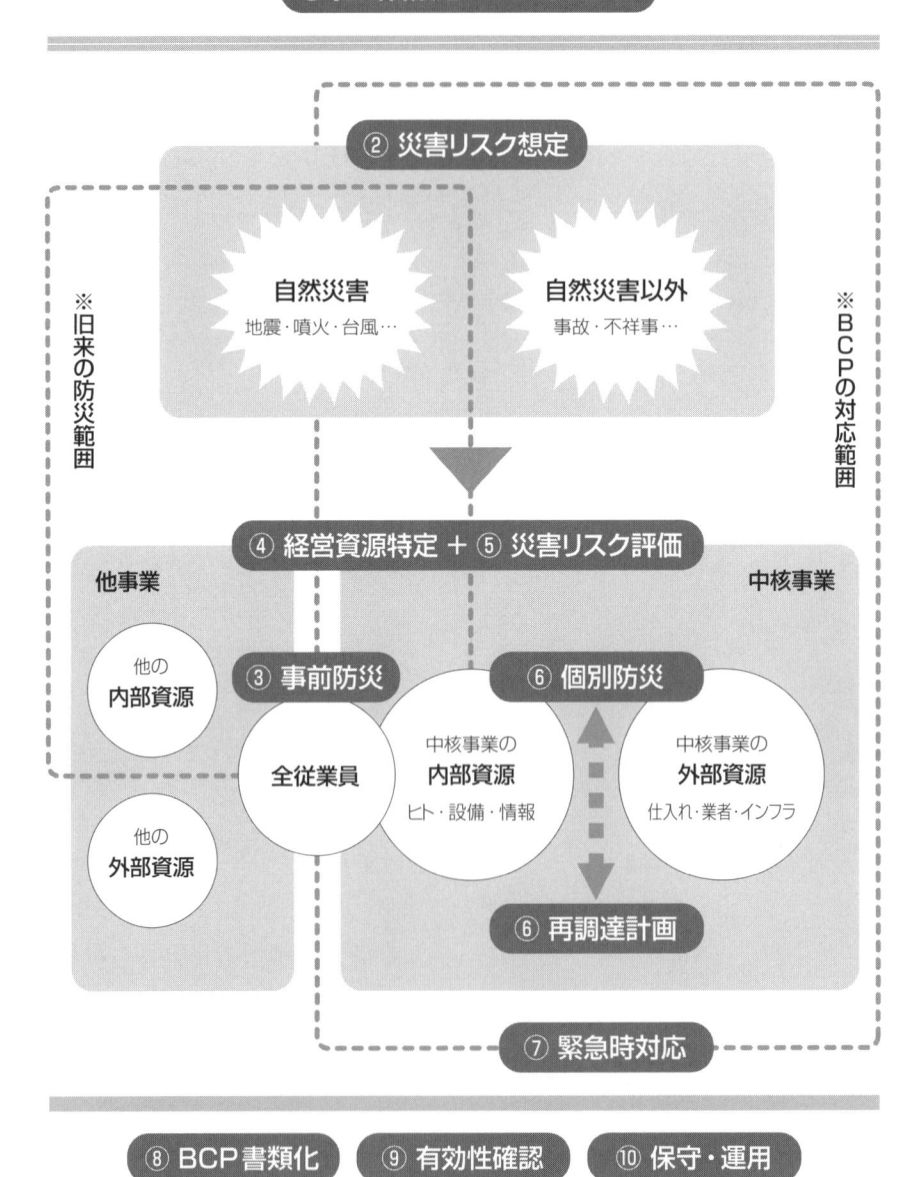

② 災害リスク想定

自然災害
地震・噴火・台風…

自然災害以外
事故・不祥事…

※旧来の防災範囲

※BCPの対応範囲

④ 経営資源特定 ＋ ⑤ 災害リスク評価

他事業　　　　　　　　　　　　　　　中核事業

他の内部資源

他の外部資源

③ 事前防災

全従業員

中核事業の内部資源
ヒト・設備・情報

⑥ 個別防災

中核事業の外部資源
仕入れ・業者・インフラ

⑥ 再調達計画

⑦ 緊急時対応

⑧ BCP書類化　⑨ 有効性確認　⑩ 保守・運用

■作業手順の解説とサンプル様式の準備

　本書では、BCP策定で行う作業を、第1章から第10章までに大きく分解し、さらに細かい単位として全39の作業工程に分けて順番に掲載しています。作業1から作業39までを順番に実施していくことで、最終的に自社独自のBCPを策定することができます。

　作業を行う際には、分析を行ったり一覧リストを作成したりするなど、ワークシートを用いたタスクが多くあります。ワークシートの内容は会社によって異なりますのでワードやエクセルなどを用いて好きな形式で作成すればよいのですが、作成時の参考にするため全32のサンプル様式を掲載しました。このサンプルは各作業ページに記載していますが、本書とは別の紙に印刷して作業指示を読みながら閲覧できるように、印刷用のダウンロードファイルも用意しています。サンプル様式を印刷し、手元に置きながら本書の作業指示を読むと作業がスムーズに行えます。なお、ファイルはPDF形式で作成されています。下記より入手してご活用ください。

http://sonaeru.jp/bcp/book/

　※著者の防災情報サイト「備える.jp」より入手可能です。
　※ファイルを参照するにはアドビシステムズ社の Adobe Reader が必要です。アドビシステムズ社より無料で配布されておりますので、ダウンロードしてご利用ください。

■免責事項

　サンプル様式を用いた結果、また作成されたBCPにつきまして、著者及び発行所（ウィズワークス株式会社）はいかなる場合においても責任を負いません。また、本書及びサンプル様式は、書籍の購入者が自社及び自己の属する組織などにおいて、BCPの策定や研修・学習を行う用途に限り複製利用ができます。その他の用途で用いることや、著者及び発行者の事前の許可無く転載・複製・複写、また新たなテンプレートを作成しての配布などはできません。

①担当者設定＋プロジェクトチームの立ち上げ

(第1章)

担当者	経営者、BCP担当者
想定期間	1～2週間程度
想定費用	キックオフを実施してもよい（その費用）、セミナー代など
実施作業	作業1：BCP作成の目的・ゴールイメージの作成　　　(P.47) 作業2：担当者設定・プロジェクトチームの立ち上げ　(P.50) 作業3：BCP策定のスケジュール設定　　　　　　　(P.53)

　BCPの策定は本来「自社の事業を継続する」ためのリスク対応力を向上させるために行います。しかし、場合によっては親会社や取引先からの要請で、BCPを作ることを目的に策定を行う場合もあり得ます。この場合は経営者やBCP担当者が缶詰になり、本書やテンプレートを活用して、ひたすらBCPドキュメントの作成を行えば、数日から1週間程度の期間でそれらしいBCPドキュメントが完成するでしょう。しかし、このBCPはおそらく本番、緊急事態が生じた際には役立ちません。

　緊急時に役立つBCPは全社横断で策定を進める必要があります。BCPで対応する業務範囲が広いため、さまざまな部署のメンバーの意見が必要になるという点はもちろんですが、緊急時にBCPドキュメントを用いるのは、必ずしもBCP担当者や経営者とは限らず、たまたまその場にいた誰かが緊急時対応を進めなければならない可能性があるため、自社のBCPについて多くの従業員がその存在と使い方を知っておいた方がよいという背景があるためです。ですから、BCPを経営層のマニュアルと誤解されないように、自社及び全ての従業員を災害リスクから守るためのものであると認知をさせながら策定を進めることが重要です。全社横断プロジェクトと位置付けて実施する必要があるのです。

作業1 ▶ BCP作成の目的・ゴールイメージの作成

　BCPは作って終わりの書類ではなく、永続的な保守・運用が必要な経営戦略の1つです。思い付きで何となくBCPを作成するのではなく、目的を定めて

BCPを作成できるように、まずは活用のイメージを固めましょう。

作業❷▶ 担当者設定・プロジェクトチームの立ち上げ

BCP策定の責任者は社長や経営層が担うべきですが、実務作業が非常に多いため、BCP担当者は別に任命した方がよいでしょう。そのため、BCP策定プロジェクトをまず社長直轄事業に位置付けた上で、担当者と事務局メンバーを定め、各部署の責任者を定例会議の参加者として最初に指名しておきます。ただし、人数の少ない中小企業の場合は、BCP担当者1名がほぼ全ての作業を切り盛りする場合もあり得ます。この場合は、BCP担当者が各部署へヒアリングを求めた際に協力が得られるように、社長から各部署の責任者に話を通しておくようにしましょう。

作業❸▶ BCP策定のスケジュール設定

あくまでもモデル時間ですが、最初にBCP策定のスケジュール案を準備しておきます。親会社や取引先からBCP策定を求められている場合は、期限を確認し、そこから逆算して定例会議の頻度を定めます。BCP策定の動機が自社の緊急時対応力を高めるためであれば厳格な納期を定める必要はありませんが、繁忙期や決算がある場合は、その時期を外してスケジューリングをすると良いでしょう。

POINT　BCP策定の成否は経営者のやる気次第

BCPは、企業における最重要な事業を洗い出し、あらゆる部署を超えた業務の流れを整理し、現場で用いる設備や原材料1つ1つを知る、全社横断かつ領域の広いプロジェクトであるため、経営者やトップマネジメントがBCP策定に熱心であるかどうかが成否を分ける要因になり得ます。逆にいえば、BCP策定プロジェクトの中心人物は、企業において最も重要な事業について精通することになりますので、幹部人材の教育には最適なプロジェクトであるともいえます。

②災害リスクの想定

(第2章)

担当者	BCP担当者	
想定期間	2週間程度	
想定費用	なし	
実施作業	作業4：自然災害による災害リスクを知る	(P.60)
	作業5：自然災害以外の災害リスクを知る	(P.69)
	作業6：自社における災害リスク想定をする	(P.73)

　BCP策定では、災害リスクから事業を守るために2つの対策を講じます。1つは、災害が生じても経営資源に被害を生じさせないための「防災対策」。もう1つは、経営資源に被害が生じてしまった際にできるだけ早く復旧をするための「再調達計画」です。このうち、防災対策を講じるためには「どの災害から守るのか」という脅威の対象を明らかにする必要があるため、第2章では自社が見舞われる可能性のある災害リスクを明らかにします。

作業4▶自然災害による災害リスクを知る

　災害リスクとして分かりやすいものは、地震・洪水・新型インフルエンザといった自然災害です。日本は大地震、噴火、台風をはじめとする災害大国であり、適切な防災対策を講じておかなければ経営資源が大きな被害を受け、事業継続に深刻な影響をもたらす可能性があります。

作業5▶自然災害以外の災害リスクを知る

　災害リスクは自然災害だけでなく、人為的な要因で生じるものも多数存在します。大規模な事故、サイバー攻撃、脅迫、取引先の倒産といった外的な要因に加え、個人情報流出、食中毒、脱税や書類の偽装、キーマンの退職といった内部的な不祥事リスクもBCPの対象範囲となります。

作業❻▶自社における災害リスク想定をする

　自然災害・自然災害以外の災害リスクを洗い出したら、実際に自社へ影響を与えそうな災害リスクを特定し、その災害リスクに見舞われた際にどのような影響が出そうかを想定します。自然災害に対しては、自治体などが作成している「ハザードマップ（防災マップ）」などを参考に、自社が見舞われる可能性がある自然災害を洗い出した上で、最大でどの程度の影響が出るかの想定をします。なお、防災対策は基本的に自然災害を対象に実施しますが、自社に物理的な影響を与えそうな自然災害以外の災害リスクがあれば、同様に影響想定を行い、防災の対象としてリストに追加します。

　このとき、災害が生じた場合の「影響」については想定することができますが、どのような「被害」が出るかの想定はできません。大地震が生じた際に震度6強の揺れに見舞われるという影響、洪水が発生した際に50センチほど水没するという影響などについてはハザードマップなどから読み取ることができますが、その結果自社の経営資源に対してどのような被害が出るかは、実際に災害が生じてみなければなかなか予想ができないからです。そのため、災害リスクの想定は、あくまでも影響の想定にとどまって実施されます。

　また、襲われる可能性と影響が大きそうな自然災害に対しては防災対策で対応することになりますが、自然災害以外の災害リスク、事前の想定が難しい災害リスクに対しては、防災対策ではなく再調達計画をもって対応することになります。どのような災害に襲われるかの想定はせず、経営資源が失われることを前提に、いかに素早く経営資源を再調達して仮復旧を行うかを、事前に計画し準備するのです。

③従業員の命を守る事前防災対策

(第3章)

担当者	経営者、BCP担当者、総務担当者
想定期間	計画1週間・実施数カ月～数年
想定費用	従業員1名当たり数万円程度
実施作業	作業7：地震対策（強い揺れから命を守る準備） (P.82) 作業8：二次災害・自然災害対策（避難で命を守る準備） (P.87) 作業9：防災備蓄・帰宅困難対策（帰宅抑制の準備） (P.91) 作業10：安否確認対策（従業員及びその家族の安否確認の準備） (P.98)

　BCP対策は旧来の防災対策と異なり、自社全ての経営資源を災害リスクから守るのではなく、特に重要な事業を選択した上で、その事業継続に必要な経営資源に絞って防災対策や再調達計画を講じます。そのため、厳密にいえばBCPの対象ではない事業や業務に従事する従業員を守る必要がなくなってしまいます。しかし企業において、BCPの対象範囲外だからといって従業員の生命をないがしろにした対応はあり得ません。そこで、BCPの前提事項として、まず全ての従業員の生命を守るための「事前防災」対策を実施し、それから初めて特定の事業を集中的に守るBCPの策定に入る必要があるのです。

作業7 ▶ 地震対策（強い揺れから生命を守る準備）

　従業員の命を守る際に最も重要な防災対策は、「地震の揺れ」から身を守ることです。さまざまな自然災害の中でも「地震」だけは事前に危険を察知することができず、危機を感じた際はすでに災害の本番を迎えている状況になるため、事前の準備が生死を左右してしまう可能性があるからです。地震の揺れへの備えとして最も重要なのが、オフィス・店舗・倉庫・工場といった働いている建物を頑丈にすることです。建物が倒壊してしまえば他のどのような対策も無駄になる可能性があるため、まず地震で潰れない頑丈な建物にすることが最

初に行うべき対策です。次いで建物内部の安全を守るため、背の高い什器や重い設備を固定したり、割れやすい窓やガラス扉に飛散防止対策をして、室内の安全を守るための対策を施します。これで地震対策は完了です。

作業⑧▶ 二次災害・自然災害対策（避難で命を守る準備）

　従業員が働く環境を安全なものにしたら、次いで地震の二次災害や、その他の自然災害から避難をするための準備を整えておきます。大地震の二次災害である津波・火災・土砂災害や、大雨による洪水、火山の噴火による降灰などは、防災対策を行っていてもその影響をゼロにすることはできず、規模が大きい場合は逃げることが命を守る唯一の手段になる場合もあります。事前に避難先、持ち出すもの、避難時の対応などをまとめておき、従業員の生命に危険が迫っている際には迅速な避難を行えるようにしておきます。

作業⑨▶ 防災備蓄・帰宅困難対策（帰宅抑制の準備）

　避難の準備を整えたら、今度は反対に従業員を職場にとどめるための防災備蓄の準備を行います。2011年の東日本大震災発災時は、首都圏を中心に帰宅困難者問題が深刻となりましたが、今後発生が想定されている首都直下地震、南海トラフ地震をはじめ、大地震が都市部を襲った場合は、従業員を無理に帰宅させることがかえって生命を危険にさらす恐れがあります。また、インフラが停止した状態で事業の仮復旧を行おうとした際にも、一定量の備蓄品が必要になるため、防災対策の一環として防災備蓄を行うことが必要になります。

作業⑩▶ 安否確認対策（従業員及びその家族の安否確認の準備）

　事業の仮復旧を行う際には人員が必要です。特に緊急時における初動対応においては発生した災害の規模が大きなものになるほど、安否確認を素早く行って人の経営資源をどれだけ確保できるか把握することが重要になります。また、防災備蓄を行って従業員を職場にとどまらせる、あるいは泊まり込みで仮復旧をさせるためには、従業員の家族の安否確認を行うことが必須となるため、安否確認システム等を導入する際には、従業員だけでなくその家族までを対象としたものが望ましいといえます。

④経営資源（BCPで守るべき対象）の特定

(第4章)

担当者	経営者、BCP担当者
想定期間	4週間程度
想定費用	なし
実施作業	作業11：中核事業の設定　　　　　　　　　　　(P.110) 作業12：重要業務の洗い出し　　　　　　　　　(P.114) 作業13：目標復旧水準・目標復旧時間の設定　　(P.118) 作業14：経営資源の特定　　　　　　　　　　　(P.125)

　第4章から第7章までがBCP策定の心臓部分、中心的な作業となります。BCPは緊急時において事業の継続を行うための計画ですが、BCPが想定する緊急事態というのは「とてもヤバイ」「普通ではない」状況であり、使用することができる「経営資源」が限られる状況を想定します。例えば人員が普段の3割しか出社できなかったり、電気やガスなどのインフラが停止していたり、流通がマヒして仕入れができなかったりというような状況です。

　このような状況で自社の事業が停止した場合、全ての事業を同時に再開させることはできません。ヒトもモノも外部のサービスも使える経営資源が限られているためです。また、大きな被害が生じている状況であるため、さまざまな情報が飛び交い今すぐ判断しなければならない出来事が次々に生じます。そこで、このような混乱した状況を想定し、会社全体を守ろうとするのではなく、BCPで守るべき対象をある程度絞り込んでおくことが望ましいのです。

　この、緊急時に守るべき対象や優先的に回復させる事業をあらかじめ定めておく活動、「守るべき対象を絞り込んでおく」というのがBCPの特徴であり、慎重に考えなくてはならない項目です。なぜなら、守るべき対象に選ばれた事業は災害リスクに対して強くなりますが、それ以外の事業については特に強化されないため、誤った事業を守るべき対象に選択してしまうと、緊急時に取り返しのつかない事態になってしまう恐れがあるからです。

第4章では、BCPが対象とする「守る対象」を明らかにすることが作業のゴールとなり、この作業をBIA（Business Impact Analysis：事業影響度分析）と呼びます。具体的には次の4つの作業を行います。
- 中核事業の設定
- 重要業務の抽出
- 目標復旧水準・目標復旧時間の設定
- 経営資源の特定

BCPの目的は「緊急時に事業を継続・素早く再開」させることです。そのため、「事業」を守るための計画を立てて実施する必要がありますが、事業というのは概念であり、これ自体に実体がないため、物理的に守ることができません。そこで、事業を物理的に守ることができる単位まで細かく分解する作業が必要になります。例えば製造業の場合、「○○の製造」という事業は、「材料の仕入れ・加工・検査・出荷」という「業務」に分解でき、「加工」という業務は「工具・製造機械・設計書・電気」という「経営資源」に分解されます。このように、事業を経営資源の単位まで分解することができると、ようやく物理的に守るための計画を立てられるようになります。

作業11 ▶ 中核事業の設定

最初の作業は「中核事業の設定」です。大地震のような自然災害で自社全体に被害が出た場合や、新型インフルエンザのような感染症で従業員の大部分が出社不能となるような緊急事態が生じた際に、どの事業から順番に再開させなければならないのかという、事業への優先順位付けを実施します。

作業12 ▶ 重要業務の洗い出し

中核事業が定まったら、次にこの事業を構成する「重要業務の洗い出し」を行います。停止した中核事業を再開するために必要な「最小限の業務」を抽出していきます。ただ、最小限の業務がどの範囲なのかについては、次の「目標復旧水準」で定めていくため、この作業12と次の作業13は行き来をしながら進めていくことになります。

作業⑬ ▶ 目標復旧水準・目標復旧時間の設定

　ある程度の重要業務が抽出できたら、中核事業を最低限の水準で再開させるに当たって、最小限必要な業務の選別と、その業務を再開させたい目標復旧時間を定めていきます。最低限の復旧水準は業務の操業度合いで設定する場合もあれば、実施する業務を絞り込むことで設定する場合もあります。例えば製造業の場合は製造量を絞り込んで再開させたり、流通業の場合は車両の数を絞り込んで再開させるというように、操業度合いの絞り込みをします。一方、同じ製造業が、まず在庫の出荷業務を再開させることを30％の操業度と置き、次に在庫材料を使って製造を再開させることを50％の操業度と置き、材料仕入れも再開させることを80％の操業度と置くという設定の方法もあります。また、コンビニエンスストアやスーパーなどの小売業が、まず駐車場を使った在庫品の販売を行うことを30％の再開水準と置き、次に手書きの伝票を使った店舗内販売を50％の再開水準と置き、仕入れの再開を80％の再開水準と置くという設定方法もあります。

　緊急時にBCPを発動した場合、事業停止状態からいきなり100％の操業度に復旧させることは難しいため、いくつかの段階を踏んで仮復旧を行う計画が現実的です。

POINT　全ての業務を同時に再開できる状態は緊急時ではない

　操業停止状態からいきなり平常通りの操業度100％に復旧できる場合、それはおそらく、そもそも緊急事態ではないため、BCPを発動させなくてもよいケースであると考えられます。使える経営資源の量が限られる事態に備えるのがBCPの本筋であるといえます。

　仮復旧の各操業度合いの設定を行ったら、その操業度がすなわち「目標復旧水準」となります。事業が停止してしまったら、いきなり100％の操業度を目指すのではなく、まずは最小構成の目標復旧水準の再開を目指し、そのめどが立った段階で次のレベル、あるいは中核事業以外の業務再開へ人手や経営資源を割いていくことになります。

また、目標復旧水準の設定と併せて、「目標復旧時間」の設定を行います。これは各操業度での事業再開をいつまでに行いたいかという希望的観測で、緊急時に仮復旧を行う際の行動の目安にしたり、事前計画を施す際の優先順位の目安に使ったりします。サーバー運営事業などのようにサービスの寸断が許されないため目標復旧時間が0秒となる場合もあるでしょうし、医療機関やインフラ業であれば仮レベルの事業再開が数時間、店舗の場合1日、製造業の場合3日など、自社の状況、取引先からの要請、地域への供給義務などから考えていく必要があります。目標復旧時間はロジックで定める手法もありますが、中小企業の場合は「高度な経営判断（社長が「エイヤ！」と決める）」で定める場合もよくあります。

　目標復旧水準を操業度合いで定める場合、あるいは再開させる業務の種類で定める場合、ともに「作業12：重要業務の洗い出し（P.114）」と「作業13：目標復旧水準・目標復旧時間の設定（P.118）」を行き来しながら、緊急時に行う業務の追加と削除を行い、最終的に必要な重要業務を残していく作業を行います。

作業14 ▶ 経営資源の特定

　仮復旧段階における全ての重要業務の設定ができたら、最後に最も重要な「経営資源の特定」作業を行います。BCPにおける防災対策、また再調達計画は、ともにこの経営資源を物理的にどう守るか、再調達するかという計画が目的になりますので、守るべき物理的な対象を特定することが最終的に必要になります。しかし、業務に用いる経営資源は事業の規模が大きくなるほどに増加し、膨大な量になりますので、自社の全ての経営資源をリストアップしてしまうとその後の個別計画作業に支障をきたすことになります。そのため、対策を施す業務を最小限に絞り、まずは必要最小限の範囲の対策を行うことを考えます。BCPが完成した後、余裕が出てきた段階で中核事業なり、重要業務なりを追加し、守るべき範囲を徐々に増加させていけばよいのです。

⑤災害リスク評価（防災・再調達の優先順位設定）

（第5章）

担当者	BCP担当者、定例会議参加の各部門責任者、現場担当者
想定期間	4週間程度
想定費用	なし
実施作業	作業15：経営資源が失われた場合の影響想定　　（P.137） 作業16：災害リスクによる被害想定　　　　　　（P.141） 作業17：ボトルネックとなる経営資源を定める　（P.143）

　BCPで守るべき経営資源を特定したら、経営資源に対する「個別防災対策」と「再調達計画」を立てていきますが、守るべき範囲、業務や経営資源の量が多い場合、全ての対策を同時に行うことはできません。また、緊急時に仮復旧を行う際にも、使える経営資源が限られてしまうため、どの業務・経営資源から復旧させるかという優先順位を定めておくことが必要になります。この災害リスク評価という作業はRA（Risk Assessment：リスクアセスメント）とも呼ばれ、事業継続において特に重要な経営資源を特定し、どこから事前の対策を講じるかということを定めます。また、経営資源の中でも特に重要で、しかし災害に対して脆弱なものを「ボトルネック経営資源」と呼称し、特に厳重な防災対策、多重の再調達計画を講じていくことになります。

作業15 ▶経営資源が失われた場合の影響想定

　まず、再調達に時間がかかる経営資源の特定を行います。災害リスクの種類を特別に指定せず、「何かしらの」影響で経営資源が失われてしまった場合にどのくらいの時間で再調達（新品購入なり、再契約なり）が行えるかを想定します。この作業の目的は、一度失うと再度調達するのに時間がかかる経営資源はどれかを特定することですので、再調達の状況は非常時ではなく平時として想定をします。

　平時であっても再調達に時間がかかる経営資源、例えば建物であるとか、特注の製造設備であるとか、あるいは熟練工であったり、代替の利かない部品を

製造している取引先などは、一度失われると再度調達をするまでに長い時間が必要になります。当然こうした経営資源は緊急時においてはなおさら再調達が行いづらいものになりますので、平時における再調達の時間がすでに目標復旧時間を上回っている経営資源については、万全な防災対策を講じて失わないようにするか、二重三重のバックアップを用意して手作業による代替が行えるような準備をしておく必要があります。

作業16 ▶ 災害リスクによる被害想定

次に、災害リスクに弱い経営資源の特定を行います。「災害想定」で自社に対して影響を及ぼす可能性がある災害が生じた際に、各経営資源が被害を受けそうかどうかを判断します。前述の通り、災害が生じた際にどの程度の被害が出るかを事前に想定することは専門家にも難しいのですが、どの程度の影響が出るか、あるいは何かしらの被害を受けるかどうか（程度は問わず）を想定することは、ある程度可能です。

例えば大地震という災害リスクは、ほぼ全ての経営資源に何かしらの被害を与える可能性がありますが、洪水という災害リスクは浸水する範囲に置いてある経営資源以外は被害を受けないと考えられます。また、新型インフルエンザという災害リスクは従業員には大きな被害を与えますが「モノ」には被害を生じさせません。このように、被害を受けやすい経営資源がどれであるかを考慮して、優先的に防災対策を施すべき経営資源を特定するのです。

作業17 ▶ ボトルネックとなる経営資源を定める

最後に、「再調達に時間がかかり」かつ「手作業による代替ができず」かつ「災害リスクの被害を受けやすい」経営資源を特定します。作業15・作業16で実施した分析をまとめると自動的にこの経営資源が特定されますので、これを特に「ボトルネック経営資源」と呼称して、失われやすい上に、失われると事業継続に深刻な影響を与える、具体的には目標復旧水準の業務を目標復旧時間以内に再開できない恐れがある対象として、厳重な事前対策を施していきます。

⑥個別対策計画（個別防災対策＋再調達計画）

（第6章）

担当者	経営者、BCP担当者、定例会議参加の各部門責任者、現場担当者
想定期間	計画4週間程度・実施数カ月～数年
想定費用	かけようと思えばどこまででも予算投入が可能
実施作業	作業18：個別対策計画の作業シートの準備　　　　　　（P.151） 作業19：人の再調達　　　　　　　　　　　　　　　（P.154） 作業20：設備や機材の再調達　　　　　　　　　　　（P.159） 作業21：情報の再調達　　　　　　　　　　　　　　（P.161） 作業22：仕入れ・取引先の再調達　　　　　　　　　（P.163） 作業23：外部サービスの再調達　　　　　　　　　　（P.166） 作業24：インフラの再調達　　　　　　　　　　　　（P.167） 作業25：市場・取引先の対策　　　　　　　　　　　（P.171） 作業26：財務診断・キャッシュフロー対策　　　　　（P.173）

　ここまでの作業は全てこの個別対策計画を行うための準備でしたので、ここでまとめる各論の対策がBCPにおいて最も重要な作業となります。

　防災対策は主に自社内部の経営資源に対して、再調達計画は自社内部・外部両方の経営資源に対して各論対策を計画していきます。対策の内容は対象となる経営資源の種類によってまったく異なってくるため、どのような対策を講じるかはBCPを策定する企業によって変わりますが、大きくは経営資源を8つに分解して個別のプランニングを行うことになります。

作業18 ▶ 個別対策計画の作業シートの準備

　個別対策で定めた物理的な防災対策や緊急時の行動プランを、実際に使える形に整理するため、計画をまとめるための記入シートなどを準備します。

作業19 ▶ 人の再調達

　大地震で従業員に被害が出た場合や、新型インフルエンザで従業員の大半が出社できなくなった場合を想定して業務代替の計画を立てます。

作業⑳ ▶ 設備や機材の再調達

建物、設備、機材、什器など業務に必要な「モノ」に対する防災対策、また予備の機材や手作業による代替業務の計画を立てます。

作業㉑ ▶ 情報の再調達

各作業者のPC、会社の共通サーバー、外部のクラウドサーバーなどで利用しているIT／情報のバックアップ方法や復旧方法を検討します。

作業㉒ ▶ 仕入れ・取引先の再調達

商品や部品の仕入れ先にトラブルが生じ、仕入れができなくなる事態を想定し、在庫の積み増しや仕入れ先の分散化などの計画を立てます。

作業㉓ ▶ 外部サービスの再調達

アウトソーシング、流通サービス、士業サービス、またWebのクラウドサービスなどが利用できなくなることを想定した代替サービスを検討します。

作業㉔ ▶ インフラの再調達

電気、ネット・電話回線、ガス、水道などのインフラが途絶した場合に備えて、自社内に発電機を用意したり取引先と提携するなどの対策を検討します。

作業㉕ ▶ 市場・取引先の対策

災害リスクにより自社に大きな被害が出た際の客離れを最小限とするため、市場、顧客、取引先とのコミュニケーション方法を検討し準備します。

作業㉖ ▶ 財務診断・キャッシュフロー対策

災害復旧に必要なコストと、事業停止によるキャッシュフローの悪化による追加コストを求めておき、緊急時の資金繰りについて計画しておきます。

⑦緊急時対応マニュアルの作成

(第7章)

担当者	BCP担当者、定例会議参加の各部門責任者、現場担当者
想定期間	2週間～1カ月程度
想定費用	なし
実施作業	作業27：緊急時の初動対応の事前準備　　　　　　　(P.182) 作業28：緊急時の状況確認の事前準備　　　　　　　(P.189) 作業29：仮復旧の事前準備　　　　　　　　　　　　(P.196) 作業30：本格復旧の事前準備　　　　　　　　　　　(P.199)

　BCPが必要となるのは緊急事態であり、必ずしもBCP担当者や指示を出せる上司が社内にいるとも限りません。特に発災直後の初動対応は1分1秒を争う場合も多く、あらかじめ緊急時の対応フローを定め、誰が何をするのかを明らかにしておき、教育をした上で、全従業員が迅速な行動を取れるようにしておく必要があります。また第6章「個別対策計画」で定めた各経営資源に対する防災対策や再調達計画を効果的に活用するためにも、緊急時に使えるようにするための準備が必須となります。どれほど素晴らしい計画を立てても、緊急時に使いづらいものであれば意味がありませんので、この緊急時対応においてしっかりとしたまとめをしておくことが重要です。

作業27 ▶ 緊急時の初動対応の事前準備

　災害が生じた直後の対応を「緊急時対応マニュアル（初動対応）」としてまとめます。ここでは主に事前防災対策に基づいて従業員の命を守る対応が中心となります。大地震などの災害直後の緊急避難、救助活動、応急手当、また、二次災害を防ぐ取り組み（火災の初期消火や消防への連絡）、信用を維持する活動（取引先への緊急連絡や自社ウェブサイトの更新）など、BCPで守る対象であるかどうかに関わらず全社に共通する初動対応についてその方法をまとめておきます。なお、この初動対応はBCPのあるなしに関わらず有効ですので、防災対策の一環としてこの項目だけに取り組むという方法も考えられます。

作業㉘ ▶ 緊急時の状況確認の事前準備

　緊急時における初動対応が落ち着くと、次にBCPを発動させるかどうかを判断する必要に迫られます。被害状況が明らかに軽微で非常体制が不要と判断される場合はそのまま平時体制に戻りますが、調査をしてみなければ状況が明らかにならない場合、また見るからに被害甚大という場合には緊急対策本部を設置して、詳細な状況判断を行います。この際には従業員の安否確認、災害の状況確認（情報収集）、経営資源の被害状況の確認などを行いますが、事前に確認するポイントなどをまとめておかなければ迅速な状況判断ができないため、そのためのリストなどを準備しておきます。調査の結果、平常通りの体制では目標復旧水準の業務を目標復旧時間以内に再開できないことが分かった場合は「BCPの発動＝非常事態宣言」をして、中核事業の仮復旧に集中します。

作業㉙ ▶ 仮復旧の事前準備

　仮復旧の内容は、第6章「個別対策計画」で作成する各個別対策カードに記載していきます。最終的には紙に印刷した上でファイルにとじて緊急時にすぐ使える場所で保管されることになりますので、カードに記載した再調達の手順が仮復旧のマニュアルとして活用できるかどうかを確認し、担当者以外が見た場合でもある程度対応できるような手順書として完成度を高めていきます。

作業㉚ ▶ 本格復旧の事前準備

　本格復旧の内容も仮復旧同様に各個別対策カードに記載して、本格復旧マニュアルとして使えるように整理しますが、仮復旧と異なり、本格復旧をする状況というのはある程度落ち着いてきている状況であると考えられますので、読むだけで対応できるようにという精度は求められません。むしろ設備の取扱説明書、購入時の見積もり、サービスの申込み書などと併せて管理し、平時から使える資産管理台帳として活用するとよいでしょう。

⑧BCPの書類化（BCPドキュメントの作成）

（第8章）

担当者	BCP担当者、保守／運用担当者
想定期間	1〜4週間程度
想定費用	なし
実施作業	作業31：緊急時対応マニュアル（BCP本体）のまとめ　（P.205） 作業32：BCP策定資料のまとめ　（P.207） 作業33：BCP保守・運用マニュアルのまとめ　（P.209）

　第7章までに検討してきた内容を整理して書類にまとめます。特に重要なのは、緊急時に用いることになる「緊急時対応マニュアル」の作成で、このマニュアルだけは紙に印刷してファイルにとじ、停電時でも、パソコンが破壊されても、すぐ閲覧できるように準備しておきます。

作業31 ▶ 緊急時対応マニュアル（BCP本体）のまとめ

　ここまでに作成してきたBCP本体となる各章のワークシートをまとめて、緊急時対応フローと併せてすぐ使えるように整備・ファイリングします。また、連絡先、ハザードマップ（防災マップ）、機材の説明書の写しや重要書類などの関連資料もすぐ閲覧できるように同じファイルにとじます。

作業32 ▶ BCP策定資料のまとめ

　前提資料はBCPの保守・運用において、BCPのバリエーションを増加させる際などに用いる資料となります。緊急時には必要ありませんので緊急時対応マニュアルとして整備したりファイルにとじたりする必要はありません。しかし、BCPを振り返る際の前提資料としては必要になりますので、「経営資源の特定（BIA：事業影響度分析）」や、「災害リスク評価（RA：リスクアセスメント）」で使用した用紙、なぜその中核事業を選んだのかという議論の経過、ハザードマップなどはまとめておき、新しい事業を始めた際、重要な取引先が替わった際、事業所を移転した際などに閲覧し、再度検討できるようにしておきます。

どういう根拠でこのようなBCP本体ができあがったのかを振り返られるようにまとめておきましょう。

作業33 ▶ BCP保守・運用マニュアルのまとめ

　保守・運用マニュアルも非常時には不要で、緊急事態にBCPがきちんと機能するようなメンテナンスを実施するために用います。このドキュメントのまとめ方が悪いとメンテナンス性が悪くなり、保守・運用をサボりがちになってしまいますので、緊急時に役立たせるための作業としてきちんと整備しておきましょう。

⑨BCPの有効性確認

(第9章)

担当者	経営者、BCP担当者、各部門責任者、現場担当者ほか全社員
想定期間	テスト2週間・見直し2週間程度
想定費用	なし
実施作業	作業34：有効性確認の準備　　　　　　　　　　　　　(P.216) 作業35：個別文章確認（ドキュメントの個別チェック）(P.218) 作業36：実地テスト・机上演習（緊急時を想定した有効性確認） (P.220)

　BCPドキュメントを作成し、実際に緊急時に使うことができる物理的なマニュアルが完成したら、本当に役立てることができるかのテストを行います。このテストをスキップしてBCP策定を完了させてしまうと、万が一不備があった場合に取り返しのつかないことになる可能性がありますので、BCPの策定とテストはセットにして必ず実施してください。

作業34 ▶ 有効性確認の準備

　BCPのテストを行ったり、演習を行ったりする方法はさまざまに存在しますので、ガイドラインや各テンプレートを見て実施しやすそうな方法が見つかれば、その方法を用いるのが適切です。テストを行った結果、問題がなければそれでよいのですが、課題や改善点が見つかった場合には速やかに修正しなければBCP策定の意味がありません。そのため、テストを実施する前に、テストの目的（何をもって良し悪しを判断するのか）、結果、改善ポイントなどを書き込めるようなシートを用意しておき、テストの結果、何か行動が必要な場合にそれが抜け漏れなく実施できるようにする必要があります。なお、ここで実施するBCPのテストは、最終的にBCPが完成して保守・運用の段階になった際にも継続します。BCPは完成後も定期的に内容の確認をしなければ最新状態に保てず、緊急時に有効に使えなくなる恐れがあるため、定期的な有効性確認が必要となるためです。

作業35 ▶ 個別文章確認（ドキュメントの個別チェック）

　個別文章確認では、第4章「経営資源の特定」で抽出した、BCPで守るべき範囲と定めた各内容が正しく計画されているかどうかを確認します。中核事業カード・重要業務カード・経営資源カードそれぞれについて、文章を読み合わせる形式で、内容に矛盾はないか、実施不可能なことが書かれていないか、不足しているものはないかなど、個々の内容についての確認を行います。

作業36 ▶ 実地テスト・机上演習（緊急時を想定した有効性確認）

　事業・業務・経営資源個々の整合性確認ができたら、実際の緊急事態を想定した机上演習を行うことで、作成したBCPが緊急時に有効活用できるかどうかを確認しておきます。本当は、ビルを揺すって建物を揺らしてみるとか、店舗に火を放って燃やしてみるとか、工場を水槽に沈めてみるとか、売上金を横領させた上で経理課長を逃走させてみるなど、実際の災害リスクを生じさせてみると見えていなかった課題が判明するのですが、もちろんいずれも現実性には乏しいため、「○○が起こったとしたら」「○○がなくなったとしたら」というケースを想定した、机上でのシミュレーションを実施することが現実的です。

⑩BCPの保守・運用

(第10章)

担当者	BCP担当者、総務（バックオフィス）担当者
想定期間	BCP策定後永続的に、年2回程度
想定費用	なし
実施作業	作業37：演習や訓練を通じてBCP活用の練度を上げる活動 (P.227) 作業38：BCPのバリエーションを増やす活動 (P.231) 作業39：記述内容を最新状態に保つ活動 (P.233)

作業37 ▶ 演習や訓練を通じてBCP活用の練度を上げる活動

　BCPが必要になるシーンは基本的に緊急事態ですが、生じる日時、場所、被害を受ける経営資源などはさまざまに変化し、1つとして同じ状況は再現されません。BCPも再調達計画を軸にしているとはいえ、想定外の状況に対応させるためには、できる限り想定外を想定内に近づけるための準備と努力が必要です。そのため、机上演習や訓練を定期的に繰り返し、さまざまな想定シーンでBCPを運用することで、実際に役立つBCPへと改善する活動が必要になります。毎回全社を挙げて演習を行う必要はありません。部署単位、機能単位の小さな机上演習で構いませんので、できれば年2回程度の演習を継続するようにしましょう。

作業38 ▶ BCPのバリエーションを増やす活動

　初回に作成するBCPはそれほど大規模にせず、災害リスクは地震（の揺れ）だけ、中核事業も1つだけにすると理解が進みます。1つ目のBCPが完成し、保守・運用フェーズへ移行させることができた段階で、徐々にBCPの種類を増やす計画を立てるようにしましょう。対応すべき災害リスクの追加、最初は地震、次に台風、そして新型インフルエンザ、また、落雷や火山灰などへの個別防災プランも徐々に策定するなどです。

　中核事業以外の主力事業に対するBCPを策定しても構いませんし、緊急事態

ならではの事業を計画することも有効です。建設業であれば大地震直後は通常業務ではなく地域の復旧や道路の啓開（がれきを取り除き通行できるようにすること）作業がBCPの中核事業として設定されるかもしれません。製造業であれば被災地支援ができる商品の製造にラインを切り替えたり、メディアであれば災害時特集に切り替えるという事業かもしれません。BCPは1つである必要はありません。ニーズに応じて徐々にその種類を増やしていきましょう。

POINT BCPの種類追加は経営戦略改善と同義

BCPのバリエーションを増加させる際には、中核事業を定めるためのBIA（事業影響度分析）や、業務の効率化につながる重要業務の洗い出し・経営資源の特定作業を繰り返し行うことになります。これは常に自社の経営戦略を改善し続ける作業に等しく、BCPの保守・運用をきちんと行っている企業は自社の強みや弱みを正確に理解し、リスクを回避する経営を行えるという証になります。BCPの維持で常に経営状況の見直しを行いましょう。

作業39 ▶ 記述内容を最新状態に保つ活動

BCPには策定時点における最新の事業・業務・経営資源を守るための計画がまとめられていますが、経営資源は日々入れ替えや更新がなされるため、BCPも入れ替えや更新をして最新状況に保つ必要があります。分かりやすいのは従業員の連絡先一覧表を更新したり、防災備蓄用品の入れ替えをしていく作業です。緊急事態はいつ生じるか分かりませんが、理想的には何かしらの更新が入ったタイミングでリアルタイムに、できれば四半期に1回程度、難しくとも1年に1回は各種一覧表の見直しをします。

また、中核事業で用いる新しい機材や備品などの経営資源を購入したらその個別防災・再調達計画を立てることが必要です。さらに中核事業自体を見直したり、新しい取引先と大きな事業を開始したり、オフィスの移転などをしたりした場合は、経営資源の特定（BIA：事業影響度分析）と、災害リスク想定（RA：リスクアセスメント）などの一連の作業を再度実施する必要があります。

1章 担当者設定
～BCPプロジェクトの立ち上げ～

BCP作成の目的を定め、主担当者を任命し、プロジェクト推進チームを立ち上げ、予算やスケジュールを設定した上で、BCP策定を行うことを社内及び取引先に伝え、協力を要請します。

「担当者設定」を実施する目的

　BCPにおいて担当者設定というフェーズを設ける目的は、社内と主要な取引先にBCP策定を開始することを伝え協力を取り付けるため、また、特に社内に対してはそれなりの手間がかかる作業を多数依頼することになるため、事前に告知しておくことでその依頼をスムーズに行えるようにしておくためです。

　形式としてのBCP策定ではなく、緊急事態の際に役立つBCPを作ろうとする場合は、それなりに手間もコストも必要となります。個人事業主や数名規模の会社であれば経営者自身が毎日少しずつ時間を割いてBCPの策定を行えばよいのですが、会社の規模が10～数百名規模の中小企業になってくると、経営者が時間を割いて直接細かな作業を行っていくことは非効率となります。この場合はBCPの担当者（専任または兼任）を別に設定し、作成を進めることになりますが、片手間で行える作業ではないため、BCP策定プロジェクトを立ち上げてきちんと評価すべき対象として取り組ませなければ、実効性のあるBCPを策定することができません。

　そのため、まず担当者設定という項目を設けて、経営者自身がプロジェクトを立ち上げ、BCPを策定する意味を定め、プロジェクトに予算と目標スケジュ

ールを設定することで動かし始めることが必要になります。

↻「担当者設定」を実施しない場合のデメリット

BCPは非常事態が生じて初めてその存在と有効性が確認されるため、作成途中の作業を評価することが難しく、担当者のモチベーションを維持することが困難になる場合があります。そのため、きちんと担当者を定めて作成作業そのものを評価するような環境を用意しておかなければ、最後まできちんとBCP策定作業を実施させ続けることが難しくなる恐れがあるのです。

↻「担当者設定」を実施する場合のメリット

BCP策定のプロジェクトを立ち上げて担当者を設定することにより、社内外においてBCP策定作業を進めやすくする雰囲気が作られるというメリットが得られます。

BCPは担当者の作業だけでは策定することができず、経営層から現場担当者、また取引先や関連する業者など社内外の多くの協力を得る必要があります。BCP担当者が経営者や意思決定者層であれば、社内外の協力を得ることや作業を命じることも容易ですが、そうした立場にない従業員がBCPを策定する際には、あらかじめ経営者から全社に宣言し、担当者を中心に今後プロジェクトを進めること、現場担当者に話を聞いたり作業を依頼したりする際にはぜひ協力してほしい旨を伝えておくことで、社内からの協力を得やすくなり策定をスムーズに進めることができるようになります。

↻「担当者設定」の本質や意味は何か

BCP策定における担当者設定は、文字通り任命するという意味合いもありますが、それ以上にBCPを策定するということを社内に宣言し、全社横断のプロジェクトとして取り組むことを宣言する目的が主であるべきです。BCPを策定する際は担当チームなり担当者が中心になりますが、最終的にBCPを活用するのは現場となりますので、全従業員の協力が不可欠であるからです。

◐「担当者設定」はいつ実施するのか

BCPにおけるプロジェクトの立ち上げと担当者設定は、もちろん最初に実施します。BCPを策定することを決めた段階で実施することが基本ですが、その前段階として、そもそもBCPを策定する必要があるかどうかという情報収集を行う、プロジェクトのプレチームとして立ち上げる場合もあります。経営者自身がBCP策定を進めるのでない限り、担当者を定めなければ次のステップには進めませんので、まずはプロジェクトの立ち上げを行いましょう。

◐「担当者設定」は誰が行うのか

BCP策定自体は、プロジェクトチームやBCP策定の担当者が音頭を取って進めることになりますが、このチームや担当者を定めるのは経営者なり意思決定者層が行う必要があります。BCPの策定は単なる危機管理マニュアルを作成することではなく、BCPという新しい経営戦略手法を導入することに近いため、最初の指示は経営層が出さなくては誰も動くことができません。BCP策定は全社横断のプロジェクトであり全員の協力が不可欠なため、導入時においてはトップダウンでコトを進める必要があるのです。

なお、緊急時に役立てるためでなく、取引先や金融機関からBCP策定を求められて、とりあえず形だけ存在すればよいという場合には、総務担当者なりBCPを必要とする部署でさっさと作成してしまうということも考えられます。

◐「担当者設定」に費用はどの程度かかるのか

BCP担当者を定めるだけであれば特別な費用は不要です。ただし、予備知識なしでBCP策定を行うことは難しいため、何かしらのテキストやテンプレートを用いたり、書籍やセミナーで知識を仕入れてから着手することが現実的です。大企業の場合はコンサルタントなどに依頼してBCP策定の進行をお願いすることもありますが、中小企業の場合はできるだけ内部で実施して作業を内製化した方が、その後の保守・運用までを考えるとトータルでメリットがあります。中小企業庁がウェブサイトで無料配布している中小企業BCP策定運用指針が分かりやすいため、まずはこれを見てもよいでしょう。

より分かりやすく知識を得ようと思ったら、書籍を購入したりセミナーに参

加することが必要です。BCP関連の書籍は比較的高額ですので、ウェブで注文するよりも書店で中身を見てから購入した方が失敗しなくて済みます。また、セミナーは有料のものもありますが、保険会社や什器メーカーなどが営業活動の一環として無料セミナーを開催していることがありますので、こうした機会を利用してもよいでしょう。無料とはいえプロ講師を招いている本格的なものも多いので、主催者ではなく講師を見て参加を決めると失敗が少ないです。

◐「担当者設定」の期間はどの程度必要か

担当者を定め、全員が兼任であってもBCP策定チームを立ち上げ、社内にBCP策定の協力を仰ぐための準備をするまでに1〜2週間程度は必要になります。もちろん規模が小さく参加者が少なければ1日でできるでしょうし、数百名規模の企業になるとこの入り口作業だけで1カ月程度要する場合もあります。

「担当者設定」の進め方

BCP策定は、個人事業主や1〜2名の会社であれば1〜2週間程度で完成させることもできますが、従業員数が十数〜数百名の中小企業規模になると、例えば建物の耐震補強工事や製造設備の固定といった物理的な対策を除いても、数カ月〜半年程度の期間を要することがよくあります。これは、BCP策定は担当者1人が頑張れば完成するような単なる書類ではなく、全社の各部門を横断して、さまざまな現場担当者の協力を得て作成する、緊急事態に対応する「計画」であり、きちんと時間をかけて細部を検討しなければ効果のあるものを作成することができないためです。そこで、BCPを策定する際には最初に担当者だけでなく「プロジェクトチーム」を立ち上げ、全社を巻き込みやすい環境を整えてから作成に着手していきます。

作業1
BCP作成の目的・ゴールイメージの作成

作業というよりも前提条件の確認となりますが、BCP策定の作業において最初に行うのは、「なぜBCPを作るのか」という目的を明らか

にすることです。といっても「BCPはどこから来て、どこへ行くのか」という哲学的な話ではなく、BCPという経営手法の1つを自社に導入するに当たり、どんなメリットを期待してどのくらいのコストをかけるのかという経営判断を下すことが目的となります。

　BCP作成の目的をまとめる際に、これといったテンプレートやワークシートは必要ありません。関連する資料やガイドライン、書籍などを読んでみたり、セミナーなどに参加してみたりして、BCPとは何か？という情報を集め、なぜ自社にBCPが必要なのかを考えてみてください。BCP策定の担当者を任命したりプロジェクトチームを策定したりする際、「BCPとはこういうもので、わが社にはこういう理由で必要です」ということを社長が話せなければ、実際の作業に取り組む担当者たちのモチベーションや作業の優先順位が高くなるはずはありません。また、最終的にBCPドキュメントが完成した際に、その良し悪しを判断することもできなくなります。BCPは全社横断の経営戦略の手法の1つです。きちんとした前提知識を身に付けてから作業に取り組んでいきましょう。

　なお、日本のBCPは2005年3月に経済産業省がガイドラインを発表したことが民間向けの施策のスタートで、同年8月に内閣府中央防災会議（国の防災施策に関する中心的な会議）も「事業継続ガイドライン」を発表し、さらに翌2006年に中小企業庁が「中小企業BCP策定運用指針」を発表する形でスタートしてきました。その後、内閣府のガイドラインは改定を重ね、2013年に発表された第三版が、本書出版時の最新版となっています。BCP策定の基礎知識を付けるために、まず内閣府のガイドラインと中小企業庁の運用指針を読んでみるとよいでしょう。内閣府のガイドラインはさまざまなBCP書籍やテンプレートの基礎になっている、日本におけるBCPのスタンダードです。中小企業庁の運用指針はやや古くなってきていますが、レベルが分かれていたりテンプレートが豊富だったり、さまざまな事例集も用意してあったりと、小規模な企業が最初にBCPの勉強をするのには適しています。どちらもインターネットでタイトルを検索すればすぐに見つけられま

す。ただ、いずれも「緊急事態が生じた際にどう役立てるか」という実践的な解説には乏しいため、このあたりは本書で補足してください。

> **作業1 | BCP作成の目的・ゴールイメージの作成**
>
> **用いるワークシート・資料** ◆BCPに関する書籍や各種資料
> **作業手順** ▶BCPに関する書籍、国や行政のガイドラインなどを手に入れて読む
> ▶なぜBCPを策定するのかという大前提をまとめる

POINT　BCPドキュメントの1ページ目について

　BCP策定のガイドラインやテンプレートは、大抵の場合1ページ目にまず「BCP作成の目的」を書き込むような作りになっています。「わが社はなぜBCPを策定するのか、顧客・地域・社会に対してどのような責任を果たすのか」という項目を最初のページに書き出すようになっているのです。しかし、「BCP作成の目的」は作業の前提条件としては確かに重要ですが、実際に緊急事態が生じた際には何の役にも立ちません。

　今まさに大きな被害が出ている状況において「わが社のBCPは社会に対して……」という情報よりも、応急救護用品はどこにしまってあるとか、対策本部立ち上げの手順とか、被害状況の確認方法とか、そういった情報が必要です。ですから、緊急時に用いるドキュメントの1ページ目には非常事態に際しどう行動するのかという手順が分かりやすく書かれていることが重要です。「BCP作成の目的」に関する項目は緊急時に用いるBCPドキュメントには入れず、平時にBCPを管理するための書類群に入れておくようにするとよいでしょう。

作業2
担当者設定・プロジェクトチームの立ち上げ

　BCP策定の目的を明らかにしたら、次にBCP策定の担当者任命やプロジェクトチームの立ち上げを行います。BCP策定の責任者は社長や意思決定者層が担うべきですが、BCP作成における実務作業は工程が非常に多いため、作業責任者は別に任命した方がよいでしょう。BCP策定プロジェクトを社長直轄事業に位置付けた上で、担当者と事務局メンバーを定め、各部署の責任者を定例会議の参加者として最初に指名しておきます。ただし、従業員の少ない中小企業の場合、BCP担当者1名がほぼ全ての作業を切り盛りすることもあり得ます。この場合、各部署にヒアリングなどを求めた際にできるだけ協力を得られるように、社長から各部署の責任者に話をつけておくとよいでしょう。

作業2｜担当者設定・プロジェクトチームの立ち上げ

用いるワークシート・資料
　◆様式1：BCPプロジェクト担当者一覧（P.51）

作業手順　▶責任者及び主要メンバーを任命する
　　　　　　▶プロジェクトチームを立ち上げる

　BCPが完成した後で内容や手順を振り返ろうとした際、誰に聞けばよいかが明確になっていることが望ましいので、BCPプロジェクトチームのメンバーを一覧表にして残すとよいでしょう。また、この右ページのサンプルではメンバーを多数入れていますが、人数が少なかったり専任担当者を置く余力がなかったりする企業の場合、現実的には社長と兼任のBCP担当者を置くのが精一杯というのも実情ですし、それで回すしかなければそれで問題はありません。

様式 1. BCPプロジェクト担当者一覧

プロジェクト責任者		○○太郎（社長）
プロジェクト事務局	責任者	○○二郎（BCPプロジェクト専任）
	事務局メンバー	○○三郎（社長室） ○○四郎（○○事業部）
	保守・運用担当者	○○花子（総務部）
定例会議参加者	総務担当	○○五郎（総務部・部長）
	財務担当	○○六郎（財務部・部長）
	情報システム担当	……
	営業担当	……
	製造担当	……
	○○事業部担当	……
	○○工場担当	……
	○○店舗担当	……
	○○社担当	……

↻ プロジェクト責任者

プロジェクトの責任者は必ず社長か、社長に準ずる権限を持つ意思決定者が担います。BCPは全社横断のプロジェクトであるため各部署間の調整が必要であったり、会社の重要情報から方向性を判断する必要があったり、また、物理的な対策を講じる際には相応の投資が必要になったりするため、原則として社長直轄で策定を進めることが望ましいのです。

↻ プロジェクト事務局

実際にBCP策定を進めていく中心チームです。資料集め、調査、会議の進行、部門間の調整、書類作成など業務が多岐にわたるため、できればBCP策定時の顔として行動する責任者と、裏方として事務作業をこなすアシスタントを用意することがベストです。とはいえ、大企業であればともかく、中小企業の場合それぞれに担当者を置くほどの余裕がないことが大半ですから、実際にはBCP担当者が一人事務局として切り盛りすることが多くなります。ただし、BCP策定が完了した後、保守・運用の段階へ進んだ際には総務担当者などがBCP管理

の実務を行う必要がありますので、できればアシスタントとして最初から総務担当者が入ることが望ましいでしょう。

定例会議参加者

　BCP策定の音頭取り、部署に依存しない共通作業などは事務局が中心となり実施していきますが、各論で対策をまとめたりする場合には各部門の協力が不可欠です。そのため、各部署の責任者にプロジェクトのメンバーとして参加してもらい、定例会議に出席してもらう必要があります。もちろん現場担当者単位での協力が必要な場合はその都度ヒアリングなどを行いますが、それも部署の責任者が把握していなければ協力を仰ぐことができないため、プロジェクトメンバーとして部門責任者の名前を入れておくと物事がスムーズに進みます。

POINT　BCP策定を人材育成に活用する

　　BCP策定は単なる事務作業ではなく、自社の経営戦略から最も重要な事業を選定したり、重要な取引先を選別したりして緊急時の協力体制を検討するなど、自社の経営の根幹に関わる情報に触れながら物事を決めていく必要があります。また、特に重要な事業については、その事業を構成する全ての業務、それらの業務で用いる設備や情報といったあらゆる経営資源を把握し、個別に対策を考えていく必要がありますので、BCP策定の全工程に関わった担当者は、社長以上に自社の事業に精通したスペシャル人材になる可能性が高いといえます。

　　これは、幹部人材の育成や事業承継対策の一環としての後継者育成に最適な教育手法であると考えられます。また、BCPは1種類だけでなく災害リスクの種類や自社の事業に応じて複数作成していくことが求められますので、初回のBCP策定にはエース人材を投入し、その後新規のBCPを策定する作業は、例えば毎年の新卒社員育成の一環として行うという手法も考えられます。

作業❸
BCP策定のスケジュール設定

　BCP担当者やプロジェクトチームが定まったら、スケジュールやプロジェクトの進め方を定めます。BCP策定は会社の規模が大きくなるほどに手間や時間も必要になり、大規模なBCPプロジェクトを動かす場合には半年〜1年ほどの期間を要する場合があります。また、従業員数十名程度の小規模な企業であっても、緊急時に役立つBCPを作成するには、やはり数週間〜数カ月の期間を要する場合が多いため、最初に参加者の予定なり作業時間を確保した上で作業に進むことが望ましいのです。

　BCP策定を進めるとさまざまな部署の担当者から定期的に話を聞いたり、作業の要請をしたりすることが必要になりますので、できれば週1〜月2回程度の頻度であらかじめBCP策定の定例会議を設定しておくとよいでしょう。ただし定例会議を行うことが目的になると本末転倒ですから、BCP担当者の作業を集中的に進める期間については、状況の共有のみしておけば定例会議は中止しても構いません。

　スケジュール表はどのような形式でも構いません。自社にプロジェクト管理の手法が用意されている場合はそれに従ってもよいでしょう。サンプルとして示した次ページの様式では、従業員100〜数百名規模の会社でBCPを策定する場合のモデル作成時間を表しています。

作業3｜BCP策定のスケジュール設定

用いるワークシート・資料
　　◆様式2：BCP策定スケジュール（P.54）
作業手順　▶BCP策定における実施項目の確認をする
　　　　　　▶スケジュールに落とし込む
　　　　　　▶定例会議を設定する

様式2. BCP策定スケジュール

	○月	○月	○月	○月	○月	○月
① PJT立ち上げ	■					
② 災害リスク想定	■■					
③ 事前防災対策	■	■				
④ 経営資源の特定		■■■	■			
⑤ 災害リスク評価			■■■	■		
⑥ 個別対策計画				■■■	■	
⑦ 緊急時対応					■■	
⑧ BCPの書類化					■	■
⑨ 有効性確認						■■
⑩ 保守・運用						
定例会議	毎月第1・第3木曜日の14〜16時					

↻ 定例会議

　企業規模によって異なりますが、BCP策定には数カ月単位の時間が必要です。また「プロジェクトチームでの議論→現場へのヒアリング」という流れが多く発生するため、不定期に招集するのではなく、曜日や時間を固定して集中的に取り組んだ方が効率的です。週1回では各自に配布した宿題が間に合わない恐れがあり、しかし月1回の頻度では間延びして前回の復習に時間が取られるようになりますので、2週間置き程度の頻度で設定することが適当です。もちろんこれがベストではありませんので、各社の状況によって頻度は好きに定めて構いません。

☞「担当者設定」は中小企業の場合にどう考えるか

　個人事業主や社員数名の企業であれば、自社の事業は経営者が全て把握しているため、社内の協力を得るための事前準備はそれほど重要ではなく、またBCP担当者も自動的に経営者になるので任命する必要はありません。しかし、社員10名以上の規模で、全社の業務内容について1から10まで経営者が把握しているという状況ではない場合は、現場担当者の協力がなければ万全なBCPを策定することはできません。

☞「担当者設定」を経営改善に生かすポイント

　BCPの担当者設定は、人材育成に活用することができます。BCPを策定する際は、自社の経営戦略の見直しから、財務状況の確認、業務に用いる経営資源の洗い出し、取引先との関係確認など、事業に関わる幅広い情報を整理しまとめ上げる必要があります。BCPの策定に携わると、自社の特に重要な事業について精通することになり、また社内外の幅広い関係者と会話を交わし、コミュニケーションを取ることになるため、まさに幹部人材の育成に最適なプロジェクトであるといえます。経営者自身で策定するか、あるいは事業の後継者や幹部人材など、ハイクラス人材の育成に活用するとよいでしょう。

☞「担当者設定」の用語解説・一般的な手法

　ガイドラインやテンプレートは、すでにBCPを策定することが決まっている状況で用いられることが想定されているため、担当者の設定やプロジェクト体制をどう構築するのかという点にはあまり触れられていません。しかし実際には、担当者を設定してそのようなガイドラインやテンプレートを入手するところからBCP策定を進めていく必要があります。

☞「担当者設定」の次に行う項目

　BCPプロジェクトチームの立ち上げが完了し主担当者が定まったら、「災害リスクの想定」に着手します。

2章
災害リスクの想定
～防災対策で対応すべき災害リスクを洗い出す～

自社が遭遇する可能性のある災害リスクを全て洗い出し、自治体などが提供するハザードマップ（防災マップ）などから具体的に脅威となり得る災害リスクを特定し、どのくらいの影響が出そうかを想定します。

●「災害リスクの想定」を実施する目的

　災害リスクの想定は、事前防災対策及び個別防災対策を実施するに当たり、どんな災害リスクから従業員や経営資源を守るのかという前提条件を定めるために実施します。防災計画を立てるためには、「何を」「何から」守るのかを明確にする必要があります。「何を」守るのかには当然自社が入りますが、「何から」については初期段階では不明ですので、これを明らかにするために災害想定を実施するのです。

　また企業によっては、BCPを策定するための動機付けとして災害想定を実施する場合があります。「自社はこんなにも多くの、そして危険な災害リスクに見舞われる可能性がある。だからBCPを導入しなくてはならない」という具合です。ただし、脅威を知ることでモチベーションが高まるのであればそうした災害想定も有効ですが、基本的に恐怖感から来る災害対策は長続きしないため、あくまでも防災対策の事前準備として実施するのがよいでしょう。

●「災害リスクの想定」を実施しない場合のデメリット

　災害想定をしないと、そもそも備えるべき対象が明確にならないため、事前

防災対策と個別防災対策を実施することができません。また、BCPは非常事態を対象とした計画であるため、脅威を明らかにしておかなければ実施のモチベーションが得られない可能性もあります。

⤴「災害リスクの想定」を実施する場合のメリット

事前防災対策・個別防災対策に取り組む前提であるということはもちろんですが、「自社がこんな災害に襲われる可能性があるんだ」ということが分かると、脅威に対する意識が変わり、BCP策定のモチベーションや動機が強化されます。全社でこうした脅威を事前共有しておくことにより、これらから全員の生命と自社の事業を守るためにBCPを策定すると宣言することで協力を仰ぎやすくする効果も得られます。

⤴「災害リスクの想定」の本質や意味は何か

BCPには策定の方法によって大きく2つの種類があります。1つは、あらゆる脅威に対応しやすくするため、特定の災害に対応したプランを立てるのではなく、再調達計画を重視した「欧米型のBCP」。そしてもう1つは大地震など特定の災害に対する防災対策を重視した「日本型のBCP」です。これは、どちらのアプローチ方法が正しいというものではありませんが、日本の場合は大地震をはじめとする自然災害のリスクが外国よりも高いため、災害リスクの想定がBCP策定の入り口になるケースが多いのです。

⤴「災害リスクの想定」はいつ実施するのか

災害リスクの想定は、BCP策定の主担当者またはプロジェクトチームを立ち上げたら、最初に実施する項目です。BCP策定を自社内に宣言する際、具体的な脅威が明らかになっている方が協力を仰ぎやすいという場合には、プロジェクトチームの立ち上げと並行して行い、「こういう危険があるため、このような目的でBCP策定をすることにしました」というように進めてもよいでしょう。

⤴「災害リスクの想定」は誰が行うのか

災害リスクの想定はBCP担当者が中心となって進めます。最初に自社が遭遇

する可能性のある災害リスクは何かについて、地域のハザードマップ（防災マップ）や各種資料を取り寄せながら情報をまとめていきます。しかし、通常こうした災害に関する知識を持っている人材は希なため、自社内に防災の専門家がいれば協力を要請してもよいですが、頼れる人材がいないことの方が多いと思われます。BCP策定プロジェクトのまず象徴的な入り口作業として、BCP担当者が進めるとよいでしょう。

　なお、外部の意見を求めたい場合は、市区町村の防災担当者にヒアリングをしてみるなど、行政の窓口を活用してもよいでしょう。地元の企業がBCPを策定することについて否定的な自治体はありませんから、丁寧にお願いすれば前向きな協力を取り付けられるはずです。

↻「災害リスクの想定」に費用はどの程度かかるのか

　災害リスクの想定に必要な資料は、多くの場合行政などが配布しているハザードマップや災害想定資料で足りますので、特別なコストは必要としません。「○○市　ハザードマップ」などの言葉でウェブ検索をして、該当する資料を探してみましょう。本格的に行うのであれば、自社が立地している場所の古い地図を取り寄せて地盤の確認をしたり、過去の災害や戦時中の被害地図を見て街全体の状況を確認することもできますが、こうした資料を手に入れるためにはある程度の費用が必要になります。

　また、専門の業者に災害リスクの想定そのものを委託することもでき、この場合は自社が襲われる可能性のある災害リスクを正確に知ることができますが、やはりある程度の支出が必要になります。多くの費用をかけられない場合は、ハザードマップなどを参考に自分たちで被害想定を行ってみましょう。

↻「災害リスクの想定」の期間はどの程度必要か

　大手シンクタンクなどが行う本格的な災害リスクの想定ではないため、資料集めに1週間程度、まとめに1週間程度、長くても2週間程度で完成します。あまりここに時間をかけすぎてはいけませんので、逆に1〜2週間で終わらせられる程度の作業にとどめる方が望ましいと言えるでしょう。

「災害リスクの想定」の進め方

　BCPで自社の事業を守る際、大きく２種類の対策を講じていきます。まずは「防災対策」を行うことによって人や設備に対する被害を最小限にするための準備を行い、次いで防災対策が失敗して経営資源に被害が出たことを前提とした「再調達計画」の準備を行います。防災対策は被害を生じさせないための準備であり、再調達計画は被害が生じることを前提とした準備ですので、前提条件が逆になりますが、BCPはこの２つの対策が混ざっていることで想定外を含むさまざまな事態に対応することができるのです。また、再調達計画を考える際には、経営資源を失う要因となる災害については特に考える必要はありませんが、防災対策を考える際には「何から」守るのかによって対応の内容がさまざまに変わってきますので、最初に災害リスクの想定をして何から経営資源を守るのかというリスク要因を明らかにしておく必要があります。

　災害リスクは大きく「自然災害」と「自然災害以外」に分けられます。自然災害は地震・台風・新型インフルエンザといった発生を防ぐことができない災害リスクです。主にハザードマップを閲覧することで自社に影響を与えそうなリスクを探していきます。一方、自然災害以外は偶然あるいは狙って発生する可能性がある人為的な災害リスクで、大規模な事故、営業妨害、仕入れ先の倒産、自社の不祥事、キーマンの退職などが挙げられます。大事故などは自然災害に近く避けることができませんが、不祥事など自社が原因となる災害リスクもさまざまに存在します。

　各種の資料などを用いてこれらのさまざまな災害リスクを知り、自社に影響を与えそうなものが何であるかをピックアップしていくことがここでの作業になります。

POINT　災害リスクの「被害」と「影響」

　　災害リスクの想定をする際には、災害による「被害」ではなく「影響」について検討をします。自然災害あるいはそれ以外の災害が生じた際、どのような被害が生じるかについては専門家にも予測できません。大地震が発生した際、自社のどの設備が被害を

受けるか、誰が出社不能になるかということは予測ができないのです。しかし、災害が生じた際にどのような影響が出るかについてはある程度想定できます。大地震が生じた際に最大でどのくらいの揺れに襲われるのか、洪水が生じた際にどの程度浸水するのかといった、被害をもたらす原因となる影響の大きさについては、ある程度想定することができます。

　BCPにおいては、災害リスクが生じた際どのような影響が出るかを想定し、何をすればその影響を受けても被害を生じさせないで済むかという防災対策を検討していくのです。

作業4
自然災害による災害リスクを知る

　日本は世界でも有数の自然災害大国です。BCPが普及する以前から企業のリスクマネジメントといえば防災対策がその中心でしたが、これは自然災害の発生頻度が高いことの裏返しでもあります。毎年訪れる台風、繰り返し発生する大地震、火山の噴火、自然災害のデパートともいうべき嫌な名前がずらりと並びます。ただ、自然災害が繰り返し生じることは過去を振り返ると明らかなのですが、具体的に「いつ」「どこに」「どのくらい」の災害が生じるかは実際に発生するまで専門家にも分かりません。

　専門家にも予測ができない自然災害の被害を、企業のBCP担当者が正確に予測することは不可能です。もし正確に予知を行える従業員が自社にいる場合は、予知に関する新規事業で大もうけすることができるかもしれません。ではどのように自然災害の想定をすればよいのでしょうか。自然災害リスクの想定に役立つ資料が、自治体が作成している「ハザードマップ（防災マップ）」です。ハザードマップは地域で自然災害が生じた際の「影響の度合い」や「影響の範囲」を地図上に表したものです。災害によっていくつかの種類があり、予測される災害が発生する場所、影響や被害が生じる範囲とその程度、また避難所や避難経路などの情報が地図上に書き込まれていることもあります。

このハザードマップを読み解くと、自社が所在する地域に大規模な自然災害が生じた際の影響予測を知ることができます。

> **作業4│自然災害による災害リスクを知る**
>
> **用いるワークシート・資料**
> ◆資料：各種のハザードマップ（防災マップ）
> ◆資料：地域の自然災害に関する資料や文献
>
> **作業手順**　▶自社の周りで生じる可能性がある自然災害をリストアップする
> 　　　　　　▶その災害が生じた場合の影響（被害ではない）を想定する

⤴自然災害の洗い出しについて

　自然災害の想定をする際、例えば自社の近所に60年以上も住み続けている高齢者の話を聞くことも手段としてはあります。しかし、大地震や噴火などの自然災害は数十〜数百年の間隔でやってくるものも多いため、人間の寿命程度の体験談だけではどうしても抜け漏れが生じてしまいます。そのため、まずは行政が作成しているハザードマップをウェブなどから入手して、特に生じる可能性が高いと考えられている自然災害が生じた際の影響を調査します。

⤴ハザードマップと自然災害の種類

　自然災害と聞いてまず思い浮かぶのは何でしょうか。日本人としては地震、雷、火事、オヤジ（？）などがすぐ思い付く自然災害ですが、自然災害の分類方法は研究者の数だけ無数に存在します。しかし、ここで行いたいことはBCP策定の一環として災害リスクを洗い出すことであり、学術的な研究論文の執筆ではありません。そこで、自社に脅威を与える災害の想定が行いやすい、ハザードマップを軸とした災害の分類方法を次ページより紹介していきます。

図：ハザードマップと自然災害の種類

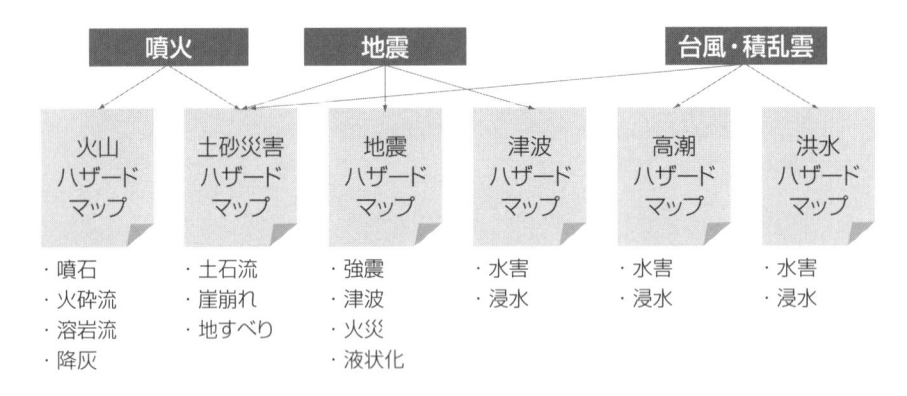

```
       噴火              地震            台風・積乱雲
    ↙     ↘      ↙    ↓    ↘       ↙       ↘
```

火山 ハザード マップ	土砂災害 ハザード マップ	地震 ハザード マップ	津波 ハザード マップ	高潮 ハザード マップ	洪水 ハザード マップ
・噴石 ・火砕流 ・溶岩流 ・降灰	・土石流 ・崖崩れ ・地すべり	・強震 ・津波 ・火災 ・液状化	・水害 ・浸水	・水害 ・浸水	・水害 ・浸水

※ハザードマップは作られないが、その他生じやすい自然災害

感染症	大雪	雷	雹	竜巻
・新型 インフルエンザ	・建物倒壊 ・流通停止	・雷サージ(注)	・飛来物	・突風被害

（注）雷などによる異常電圧

　自社が立地する地域に「○○ハザードマップ」が存在する場合はその自然災害が生じる可能性が高いということですから、影響を調べた上で防災対策を講じるかどうかを検討する必要があります。また雷、雹、竜巻といった突発的な自然災害や、普段雪が降らない地域での降雪、またハザードマップが作られることはありませんが新型インフルエンザなどの感染症も、自社に影響を与える可能性がある自然災害です。ハザードマップが存在する自然災害については確実に、その他の自然災害については必要に応じて防災対策の実施を検討します。

POINT　ハザードマップの落とし穴

　　　ハザードマップを見たことがない人に初めて地図を見せると、最初に自社や自宅の場所を確認し、危険が書き込まれていないかどうかをチェックした後、「安全だった」「危険だった」と一喜一憂するといった様子がよく見られます。
　　　しかし、ハザードマップはあくまでも想定であり、現実に大規

模な災害が生じた場合にはどのような被害が発生するか分かりません。2011年の東日本大震災でも、想定を超える規模の津波が発生したため、ハザードマップでは安全とされていた地域が津波被害を受けた事例が多数生じました。

　ハザードマップの影響予測は、あくまでも現在の想定です。道路を挟んだ隣のビルまでが危険地域で、自社のビルがあるエリアからは安全な地域になっている場合、これをもって大丈夫だとしてしまうのは危険です。ハザードマップは、地域全体がどのような災害に襲われやすいのかを知るための目安として活用するものであり、「自社が安全か危険か」という詳細分析には使わない方が安全です。

　ハザードマップにはどのようなことが書き込まれているのでしょうか。
　地図の種類別の詳細はこの後、それぞれの自然災害に応じて解説しますが、大きくは「避難のために必要な情報」と「災害が生じた場合の影響の度合い」が書き込まれています。
　避難のために必要な情報というのは、例えば避難所の場所、コンビニエンスストアやガソリンスタンドなど支援を受けられる店舗の場所、また安全な避難経路などが書き込まれている場合もあります。「津波ハザードマップ」などの場合には、逃げ込むことのできるマンションや津波避難タワーなどの場所も記載されています。
　一方、影響の度合いというのは、例えば「地震ハザードマップ」であれば、各地点の揺れの強さの想定、液状化現象の生じやすさ、火災の発生しやすさなどが掲載されています。崖地が多い地域の場合は、土砂災害が生じやすい斜面が書き込まれている地図もあります。また「洪水ハザードマップ」であれば、各地点の標高と予想される浸水の深さが書き込まれていたり、「津波ハザードマップ」であれば浸水予想に加えて、海岸にやってくる津波の高さ予想や、地震から何分後に津波が到達するのかという情報が書き込まれていたりする地図もあります。
　また、ハザードマップは地域の防災力を強化するための啓発資料でもありま

すので、災害予測に関する情報に加えて、地震や津波が生じた場合の対応の仕方や、用意すべき防災グッズの種類が紹介されていることもあります。基本的には家庭向けの情報ですが、内容としては企業の防災対策に生かせるものも多いため、参考にするとよいでしょう。

ハザードマップの多くは自治体のホームページで公開されており、ダウンロードすることができます。インターネットで「○○市 ハザードマップ」とか「○○町 地震被害想定」などのキーワードで検索をしてみると、該当するハザードマップにすぐたどり着くことができます。見つけられなければ市区町村や都道府県のホームページの中から探すこともできます。または自治体の窓口まで行けば、紙のハザードマップをもらえる場合がありますので、自治体の防災課などに相談してみてもよいでしょう。

POINT　避難地図としてもハザードマップを活用する

ハザードマップは災害リスクを想定する目的だけでなく、自然災害が発生して避難が必要になった際にも役立ちます。事前に安全な避難ルートを検討するのに使えるほか、ハザードマップには避難所などの情報も書き込まれていますので、実際に避難を行う際の地図としても役立ちます。耐水ペーパーなどに印刷しておき、緊急持ち出し用品の1つとして従業員に配布しておくとよいでしょう。

また、自社の自然災害リスクをハザードマップから読み取ったら、ぜひ従業員の自宅においても災害想定を行ってみてください。要領は同じです。自宅がある自治体からハザードマップを入手し、備えが必要な自然災害をピックアップしたり、最寄りの避難所を確認しておいたりするとよいでしょう。

インターネットでハザードマップを入手したら、必ず必要な枚数を印刷してBCPの書類と併せて保管しておきます。ハザードマップを必要とするような非常事態が生じた際には、パソコンやプリンターを動かすことができない可能性が高いため、紙ですぐ閲覧できるようにしておくことが重要です。この際、通常のコピー

用紙ではなく耐水性の用紙に印刷をして、屋外や雨天の避難中にも閲覧することができるようにしておきましょう。

ここから、各自然災害の特徴とハザードマップに書き込まれている被害想定の内容について順番に解説します。

地震（津波・火災・液状化）

大地震は直接的な影響である強い揺れと、その結果もたらされる液状化、地震津波、地震火災、土砂災害などの二次災害をもたらす自然現象です。いずれも事業継続に対する大きな脅威となりますので、何かしらの防災対策が必要となります。大地震は日本であればどこでも生じる可能性があり、基本的にあらゆる地域で地震ハザードマップが作成されています。また、海沿いの地域であれば津波ハザードマップが併せて作成されます。地震ハザードマップには、各地域の震度予測（揺れの大きさ）や液状化現象の生じやすさ、また建物の倒壊率や火災の発生確率といった突っ込んだ想定が想定が書き込まれる地域もあります。

地震ハザードマップには、その地域で生じそうな大地震が発生した場合の最大震度が書き込まれますが、地震の原因となる断層などは調査が進むと新しいものが発見されるため、これまで地震が少ないと思われていた地域であっても後から新しい地震の想定が発表されたり、または調査で見つかっていなかった断層が想定外の大地震を生じさせたりすることがあります。そのため、大地震の揺れに関する影響については、ハザードマップに記載のある震度を無視して、常に最大規模（震度6強〜震度7）の揺れに襲われる可能性があると考えて防災対策を講じておくことが望ましいといえます。

土砂災害

土砂災害は大きく分けると崖崩れ、地すべり、土石流に分けられ、主に大地震や大雨（台風・集中豪雨）によって引き起こされます。自社の近くに崖があれば崖崩れの心配を、河川があれば土石流の心配をする必要があります。地すべりは規模が大きく土地を見ただけでは分かりづらいため、土砂災害ハザード

マップできちんと確認するようにしましょう。

　土砂災害ハザードマップは、崖崩れ、地すべり、土石流が発生する可能性がある地域で作成され、大雨や地震の際にどこで土砂災害が発生するかを予測しているハザードマップです。日本には土砂災害を起こす可能性のある急斜面や崖が全国に52万カ所も存在しており、山間の自治体を中心に多くの地域で作成されています。地図の中に急斜面や崩れやすい場所が強調されて表示されていますので、自社がそうしたエリア内に立地をしている場合には土砂災害への対応が必要になります。

火山の噴火

　日本は世界有数の火山国でもあり、全国に100以上の噴火する可能性がある火山が存在しています。火山による影響は噴火口からの距離によって変わります。火口に近い場合は火山弾、溶岩流、火砕流などの影響が強く出ますが、自社の中核事業が山小屋でない限りはそれほど心配する必要はありません。冬場の噴火の場合は火口近くの雪が一気に溶けて土砂と共に流れ落ちる融雪型火山泥流の被害を受ける可能性がありますので、噴火する可能性のある山に連なる河川に自社が面している場合は注意が必要です。

　大規模な噴火の場合は数〜数百キロの範囲に大規模な火山灰の降灰を引き起こします。火山灰は人体への健康被害や、重量による建物の倒壊、電気・水道・流通などのインフラを停止させるような被害をもたらす場合がありますので、火山ハザードマップで火山灰が降る可能性のある地域に自社が立地している場合は何かしらの準備が必要となります。

　火山ハザードマップは、噴火の可能性がある火山に隣接する自治体が作成しています。噴石、火砕流、土石流、溶岩流、火山灰などがどの程度の範囲まで影響をもたらすかを予測したハザードマップです。火山による影響は火口に近い地域でなければそれほど大きくならないため、火山から離れた自治体では作成されません。ただし、富士山の噴火のように広範囲に火山灰が降り影響を与えるようなケースも想定されているため、自社が所在する自治体内に火山がなくとも、100キロ圏内程度の場所に火山がある場合はハザードマップを確認した方がよいでしょう。

○台風・集中豪雨・ゲリラ豪雨

　台風や集中豪雨、そして、近年よく耳にするようになったゲリラ豪雨は、大雨を降らせて浸水被害をもたらします。自社の近くに河川や池沼がない場合はいわゆる洪水の心配はありませんが、特に近年都市部で頻発するようになった「内水氾濫」には注意が必要です。近くに川がない都市部のオフィスであっても、都市の排水機能を超える大雨が降った場合は下水の逆流や地下室の水没などの大きな被害を受ける可能性があります。

①洪水ハザードマップ

　洪水ハザードマップには2つの種類があります。1つは外水氾濫と呼ばれ、河川や池沼が大雨で氾濫することで生じる、一般的にイメージされるいわゆる洪水被害を想定したハザードマップです。もう1つは内水氾濫と呼ばれ、都市部や標高の低い地域に大雨が降った際、河川や排水路への排水が間に合わずに水没してしまうことで発生する浸水被害を想定したハザードマップです。外水氾濫による洪水ハザードマップは近くに河川や池沼が存在する地域でのみ作られますが、内水氾濫による洪水ハザードマップは近くに川がなくても作成されている場合がありますので、確認が必要です。

②高潮ハザードマップ

　主に台風などで引き起こされる高潮による洪水を予測するハザードマップです。海に面している自治体であればどこでも生じる可能性がありますが、特に湾や内海などでは大規模な高潮が生じやすいため、瀬戸内海をはじめこうした地域に面している自治体で作成されることが多いハザードマップです。

③津波ハザードマップ

　主に海溝型（海で起こる）大地震によって引き起こされる津波災害を予測したハザードマップです。2011年の東日本大震災による津波被害を教訓に被害想定を見直す地域が増加しており、現在は南海トラフ巨大地震を想定した津波ハザードマップが多く作成されています。海に面する地域に自社が所在する場合は、必ず津波への対応を検討してください。

↻ 強風・竜巻・雹・雷

　台風によってもたらされる強風、また積乱雲によって引き起こされる竜巻・雹・雷も自然災害として警戒が必要な災害リスクです。台風については基本的に不意打ちをされることが考えづらく、台風予報をきちんと見て対策を講じることができますが、積乱雲は数時間で発生して大きな被害をもたらす場合がありますので、発生を知ってからの準備が難しいものです。しかし、竜巻や雹の発生頻度は低いためこれらに対する専用の備えを行うことは難しく、実際には地震対策の一環として建物を強化するなどの対応を行うことになります。

↻ 大雪

　雪国では毎年のように豪雪になるため一定の準備がなされていますが、普段あまり雪が降らない地域で大雪が降った場合は、従業員が出社できない状況、インフラの途絶、流通の停止などの被害が生じます。しかし、こうした地域で普段から対策を講じておくことはコスト面から考えて現実的でないため、物理的な対策の優先順位は低くなります。緊急時の連絡先や取引先との取り決めなど、ソフト面での対策を中心に考えることになるでしょう。

↻ 感染症（新型インフルエンザ）

　BCPと旧来の防災対策の違いを説明する際に取り上げることの多い事例が、新型インフルエンザをはじめとする感染症を災害リスクとして想定することです。感染症が爆発的に広がってエピデミック（地域内流行）やパンデミック（全世界的流行）を引き起こした場合、建物や設備などの「モノ」については一切被害が生じませんが、従業員の出社率が極端に低下したり、最悪の場合は死亡したり、インフラや流通網の維持に支障をきたしたりする場合があるため、自社に対する物理的な防災対策に加えて、外部サービスの途絶を見据えた再調達計画を立てる必要があります。

①新型インフルエンザ

　繰り返し世界的な大流行を引き起こしては多くの人命を奪っている新型インフルエンザは、鳥由来の鳥インフルエンザが世界的に大流行して大きな被害を

引き起こすという発表が2005年になされてから、BCPにおいても重要なテーマとして取り扱われるようになっていました。その後は、2009年にWHO（世界保健機関）がパンデミック宣言をした豚インフルエンザが世界的な流行を見せましたが、幸い大きな被害をもたらすことなく終息しました。しかし、当初の想定通り発生が恐れられている強毒性の鳥インフルエンザが大流行した場合、事業継続を脅かすリスクとなる可能性があるため、依然としてBCPにおいても対応が必要な自然災害の1つといえます。

②SARS・エボラ出血熱・結核・デング熱
　2002〜03年に流行したSARS（重症急性呼吸器症候群）や、2014年からアフリカなどで流行したエボラ出血熱などの新興感染症、また、一度は流行から遠ざかったものの再度流行の兆しを見せつつある結核やデング熱などの再興感染症など、新型インフルエンザ以外にも事業継続のリスクとなる感染症は存在するため、こうした感染症が流行の兆しという報道や情報を手に入れた際には、対策の準備が必要です。

宇宙ハザード・地球規模の自然災害

　また、余談に近くなりますが、地球の歴史をひもとくと、自然災害の中には巨大隕石の落下、超巨大火山の破局噴火、全地球規模の気候変動なども繰り返し生じています。しかし、こういった規模の災害に中小企業が備えておくことはまったく現実的ではありませんので（むろん大企業ですら同じですが）、そうしたリスクもあるのだということを知っておく程度で十分です。

作業5
自然災害以外の災害リスクを知る

　日本で古くから取り組まれてきた企業の防災対策は、そのほとんどが自然災害を対象としたものでした。しかし企業を取り巻くリスクは自然災害にとどまらず大事故や社会不安といった要因も災害リスクとなり得ます。また、不祥事や重要人材の退職といった自社内部から生まれる要因も、事業継続という観点からは災害リスクになり得ます。

企業の防災対策では主に自社のハードウェア資産を守ることが重視されていましたが、BCPでは自社・他社を問わず事業継続に必要なあらゆる経営資源を守る必要があるため、これら自然災害以外の災害リスクについても対策を立てる必要があります。しかしハザードマップのような具体的に調べる手段がないため、以下に示す類型を参考にしながら、自社が遭遇する可能性のある災害リスクをピックアップしてください。

> **作業5｜自然災害以外の災害リスクを知る**
>
> **用いるワークシート・資料**
> 　◆資料：事故や不祥事などに関する資料
> **作業手順**　▶自社の周りで生じる可能性がある自然災害以外のリスクをリストアップする
> 　　　　　　▶その災害リスクが生じた場合の影響（被害ではない）を想定する

　自然災害についてはハザードマップを活用することで、生じる可能性が高い災害リスクを知ることができましたが、自然災害以外の災害についてはハザードマップのようなものが存在しないため、さまざまな資料から自社に影響を与えそうなリスクを調査する必要があります。ただ、自然災害についてはどのような影響が出るかがある程度想定できるため事前の防災対策が行いやすいのですが、自然災害以外のリスクについては、そもそもどのようなものが発生しやすいか、どのような影響が出るかを事前に想定することが困難であるため、防災対策のような事前対策の優先順位は低くなります。

　そのためBCPの場合、自然災害は防災対策で被害を最小限にする準備を行いますが、自然災害以外の災害リスクについては、被害が生じることを前提とした再調達計画を中心に対応策を講じることになります。以下に自然災害以外のリスクについて紹介しますが、この項目はある程度読み流していただいても構いません。

図：人為災害の類型

外的要因
- 無差別の人為災害：大規模事故／原発事故／テロ・戦争
- 自社を狙った攻撃：脅迫・営業妨害／サイバー攻撃／情報改ざん・流出
- 社会不安・取引先の問題：経済危機・金融危機／輸出入の停止／インフラの途絶／重要取引先の倒産／利用サービスの停止

内的要因
- 自社の不祥事・経営問題：個人情報流出／食中毒・リコール／脱税・書類偽造／コンプライアンス／バイトテロ問題／キーマンの退職・死亡

> ### ●外的要因（無差別の人為災害）
> （外部の）大規模事故／原発事故／テロ・戦争など

　人が原因で生じる災害リスクも、企業からするとBCPで対応すべき災害リスク要因となり得ます。自然災害に匹敵する規模の人為災害はそう頻繁に生じるものではなく、むしろ自然災害の二次災害として、付近の工場の爆発や原発事故などが生じる可能性があります。なお、火災についてはどのような企業においても発生する可能性がありますので、防火対策はあらゆるケースで必須です。

> ### ●外的要因（自社を狙った攻撃）
> 脅迫・営業妨害／モンスタークレーマー／万引き・盗難被害／風評被害／サイバー攻撃（DoS攻撃・情報改ざん・不正アクセス）など

　自然災害と異なり、人為的な災害は自社を狙って引き起こされる可能性もありますので、例えば中核事業が警備業などの場合には特別な対応が必要になり

ます。脅迫、強いクレーム、盗難被害などで自社の事業が停止に追い込まれるケースは希ですが、風評被害を招いたり、ソーシャルメディアなどを中心にネガティブな情報が拡散されたりという事態は想定できますので、初動対応において自社の信用を守るための対策を講じる必要があります（作業25「市場・取引先の対策」〈P.171〉）。また、業務のIT化が進むほど経営資源として「情報」の重要性が増していきますが、近年では物理的な攻撃以上にサイバー攻撃の方が脅威になるケースもありますので、BCPの想定リスクとして対応が必要な場合があります。近年では個人情報流失などのリスク要因にもなっています。

●**外的要因（社会不安・取引先の問題）**
経済危機・金融危機／輸出入の停止／サプライチェーンの途絶／重要取引先の倒産／利用サービスの停止／インフラの途絶

物理的な破壊などは伴わず、人命を直接奪うわけでもありませんが、事業が社会インフラの上で行われる経済活動である以上、社会、経済、金融、流通などに障害が生じた状況もBCPの対象範囲となります。経済活動や流通全体が停滞してしまう、重要な部品を製造している取引先が倒産して調達ができなくなる、海外から輸入品が入ってこなくなる、突然の値上げで大幅にコストアップするなど、災害以外の要因が事業継続に影響を与えることがあります。BCPは「どんな災害が」よりも「こんな被害が」を重視して計画をしますので、災害以外のリスクも想定した準備を行う必要があります。

> **POINT** **外部サービスに依存しすぎるのはリスクが大きい**
> 2012年にあるサーバー管理会社が、自社で管理していた情報を消失させる事故を起こし、同社にデータを保管していた数千社が自社の重要情報を喪失するという被害を受けるなどして大きな問題となりました。提供されているサービスに絶対安全はないと考え、外部のクラウドサービスなどを利用する際には必ず自社内にも情報のバックアップを取るなどの対応が必要となります。このように外部のサービスが停止することで事業継続が危うくなることもありますので、BCPが対象とする範囲は広くなります。

●内的要因（自社の不祥事・経営問題）
個人情報流出／製造責任（食中毒・リコール）／法令違反（脱税・書類偽造）／知的財産（特許）侵害／コンプライアンス（セクハラ・パワハラ）／人材教育（横領・バイトテロ）／キーマンの退職・死亡

粉飾決算、産地・消費期限偽装、個人情報流出、不法投棄、法令違反など、社内から生じる不祥事が原因で事業存続が危うくなることもあり得ます。事業継続に対するリスクであれば、それが社外・社内いずれからもたらされたものであるかは関係ありませんので、これもBCPで想定すべきリスクの1つであるといえます。

特に中小企業において、ワンマン社長の突然死、バックオフィス業務を全て引き受けていた一人総務部長の入院、競争力の源泉であった職人の引退、エース営業マンの引き抜きなどで、属人的な業務が突然遂行不能になる場合があります。大地震でキーマンが死亡するのも、交通事故で長期入院するのも結果は同じですので、これもBCPによる再調達計画が必要です。

作業❻
自社における災害リスク想定をする

ここまでに自然災害及び自然災害以外の災害リスクについて紹介してきましたが、ここでは具体的に自社に影響を及ぼす可能性がある災

害リスクをピックアップし、どのような影響が出るかを想定する作業を行います。とはいえ各災害が生じるかどうかを正確に想定することは当然できませんし、災害が発生したとしてどの程度の影響が出るかを正確に想定することももちろんできません。そのため災害リスクをピックアップする際には、「発生する可能性がある」ものを全て選び出し、影響を想定する際には「最大限生じると思われる」レベルで書き出していくことになります。

> **作業6｜自社における災害リスク想定をする**
>
> **用いるワークシート・資料**
> ◆様式３：災害リスク想定シート（P.75）
> ◆資料：自治体のハザードマップ、その他災害情報資料
>
> **作業手順**　▶災害リスク想定シートを用意する
> 　　　　　　▶ハザードマップや自然災害以外のリスク資料を見ながら、自社が遭遇する可能性のある災害を特定して災害リスク想定シートに書き込む
> 　　　　　　▶災害リスク想定シートに書き込んだ災害が生じた際に、どのような影響が出るかを想定して同シートに書き込む

様式3. 災害リスク想定シート

種別	想定災害	可能性	想定される影響・備考
自然災害	大地震（揺れ）	大	震度6強の揺れに襲われる
	津波	小	標高が高いためおそらく津波はない
	液状化現象	小	台地にあるためおそらく液状化はない
	台風（大雨）	大	○○川が決壊すると工場が最大50cm水没する恐れがある
	台風（強風）	中	何かしらの飛来物で被害が出る可能性がある
	新型インフルエンザ	中	発生の恐れがあるがリスクは未知数
人為災害	電子メールの大量誤配信	中	営業用メールの宛先を誤って大量の誤配信が生じる恐れがある

可能性）生じる可能性あり：大　生じる可能性がなくはない：中　おそらく生じない：小

　様式3のようなワークシートを用意して、自社が巻き込まれると考えられる災害リスクを全て書き出します。ただ、その災害が生じるかどうかという正確な想定はできませんし、災害が生じた場合の正確な影響想定もできないため、あくまでもこの後の対策を検討する際の資料にすることを目的とした作業となります。また、一度BCPを策定した後に、対応する災害リスクの種類を増やして別バージョンのBCPを作成していくこともBCPの活動では求められますので、一度に全ての災害リスクを想定しきる必要はありません。
「自社が立地する自治体に○○ハザードマップがあれば災害リスクを記載するし、なければ記載しない」「海があれば津波、川があれば洪水、なければ想定しない」というレベルで取捨選択をしても構いません。ただし、大地震の揺れと新型インフルエンザについては日本中どこでも生じる可能性があるため、できれば書き込んでおいた方がよいでしょう。また、自然災害以外の災害リスクについては、物理的な被害を生じさせる可能性が高いリスクまたは事業継続に対して深刻な被害を生じやすいリスクは記載しておいた方がよいですが、特にそうしたリスクが存在しない場合は記載しなくても構いません。

POINT **想定するBCPの種類について**

　BCPは作って終わりではなく、いつでも緊急事態に対応できるように常に保守・運用を行って最新状態を保つ必要があります。また、BCPの種類も1種類とは限らず、事業別・災害リスク別に複数を策定していくこともあります。初めて作成するBCPで想定する災害リスクは、大地震を対象とするとイメージがしやすくなります。

　初回のBCPは大地震を想定して作成し、2つ目以降で「新型インフルエンザBCP」や「津波BCP」などを作成したり、飲食店であれば「食中毒BCP」、製造業であれば「リコールBCP」、建設業であれば「道路啓開BCP」を作成したりするなど、自社や業界に適した緊急時対応の計画を順番に策定するのがよいでしょう。

「災害リスクの想定」は中小企業の場合にどう考えるか

　正確な災害リスク想定は専門家にも難しく、自社が被る災害を事前に全て把握することは事実上困難です。自然災害はもちろん、その他のリスク要因全てを正確に把握することはできないため、BCPは基本的に災害が発生して被害が生じることを前提に計画を組み立てます。そのため、ここで実施する災害想定は、あくまでも発生する可能性が高いといわれている自然災害を中心に行うことになるため、おおよそ次のような項目に集約されます。

- 大地震（津波・火災・液状化・土砂災害）
- 洪水（川が近い場合）
- 新型インフルエンザ（及び感染症全般）

　災害リスクの想定が重要視されるのは、リスクの観点よりも企業の政治的な側面による場合があり得ます。例えば、企業によっては防災対策や再調達計画の費用を工面するために、脅威となる災害リスクを洗い出し、その災害リスクが生じる確率とどの程度の費用を投じればどのくらいリスクを軽減できるのか、という分厚いレポートを作成し、決裁者全員に個別のプレゼンを行い、多数の

判子をもらわなければ予算が出ないという場合があり得ますが、このような場合はある程度コストをかけた立派な被害想定が必要になるのです。

☞「災害リスクの想定」の用語解説・一般的な手法

　災害リスクの想定は、一般的にRA：リスクアセスメントの一環として実行される場合が多くあります。災害が生じるかどうか、地震がいつ起こるかについては専門家でも分からないことであるため、BCP作成の過程で本格的な災害想定ができるはずはありません。しかし海がなければ津波は起こりませんし、崖がなければ土砂崩れは起きず、川がなければ洪水は発生しないなど、想定しなくてもよい災害を探すことはできます。細かい災害想定、被害想定を行うのではなく、自社の立地から起こり得る災害をリストアップすることができれば十分といえます。

☞「災害リスクの想定」の次に行う項目

　災害リスクの想定が完了したら、「事前防災対策」の計画と実施を行います。すでに防災対策がある程度できている企業の場合は、その次の項目、「経営資源の特定」へ進んでも構いません。

3章

事前防災対策
～従業員の命を守る防災対策～

BCPでは優先順位の低い事業の従業員に対する防災が手薄になりがちですから、BCP策定に先駆けて全従業員の命を守るための事前防災対策を実施しなければなりません。働く空間の安全確保、救助／救護／避難の準備、備蓄や安否確認の準備などを行います。

↻「事前防災対策」を実施する目的

　人命を守るための事前防災の計画と実施は、BCP策定の前提として、まず従業員の命を守る環境を作るために実施します。BCPの基本的な考えは、事業に必要な経営資源が災害で失われることを前提に、再調達の計画と準備を整えておくことです。もちろん経営資源を守るための防災対策は実施しますが、これも会社全体ではなく中核事業に関連する経営資源に絞って行われます。

　そのため、BCPドキュメントを作成するだけでは会社全体の防災力が高まらないので、全従業員の命を守るためには自社全体に対する物理的な対策が必須となります。人員が少なく業務が属人的になりがちな中小企業の場合、まず「人命」を守ることが災害発生時の対応力強化につながりますし、人命を第一にしない経営計画はあり得ないため、BCP策定の前段階として、まず事前防災対策に取り組むべきなのです。

↻「事前防災対策」を実施しない場合のデメリット

　再調達計画を中心としたどのような災害にも対応できる万能BCPが完成したとしても、事前防災対策が行われていなければ大地震や自然災害により経営資

源、とりわけ人命が失われる恐れがあります。BCPは特定の災害リスクにとらわれず幅広い脅威に対応できるように策定するべきですが、日本の場合はまず、大地震に対して命を守る環境を整えておくことが必須です。

↻「事前防災対策」を実施する場合のメリット

事前防災対策をきちんと進めておくことができれば、BCPが完全には機能しなかった場合でも、最低限、従業員の命は守ることができる可能性が高まります。また、BCPそのものは書類の束であるため策定を進めても認知されづらいのですが、事前防災対策は普段目に触れる場所が目に見えて安全になっていく様子が分かるため、BCP策定を進めているということを社内外にアピールするための材料としても活用することができます。

↻「事前防災対策」の本質や意味は何か

事前防災はBCPの範囲に入れられない場合もよくあります。BCPの本質は特定災害に対する準備ではなく、何があっても事業を守る準備であるため、「まず、防災」というやり方がなじまないためです。だからといって、中核事業に関係のない人命は守らないというわけにはいきませんし、BCPの前に企業倫理として人命を軽視することは絶対にできないため、特に体力のない中小企業ほど、まずは防災対策を万全にし、そしてBCP策定を進めるのがよいのです。

↻「事前防災対策」はいつ実施するのか

事前防災計画の策定と対策の実施には、防災対策の対象とする災害の特定が必要になるため、災害リスク想定が完了したら着手します。BCPで特に重要な項目は、BCPで守るべき経営資源をリストアップする経営資源の特定・BIA：事業影響度分析と、それに基づいて行う経営資源の個別防災対策・再調達計画の立案ですが、これらだけを実施しても自社全体の防災力、従業員を守るための準備は行えません。BCPの策定はまず全従業員を想定される災害から守るための準備を行ってから実施するべきですから、BCP策定の最初の段階として、災害想定、人命を守るための事前防災対策の策定とその実施を行いましょう。

⚡「事前防災対策」は誰が行うのか

　事前防災対策はBCP担当者が計画をまとめますが、経営層から予算の承認を得る必要があります。事前防災はオフィスや建物内の地震対策や防災備蓄が中心となりますが、こうしたことに詳しい従業員はそう多くありません。災害リスクの想定と併せてどのような対策を講じればよいのか、BCP担当者が資料を集めながら計画をまとめ、それぞれを具体的に実施するための費用を算出して、予算の承認を取ります。

　外部の意見やアドバイスが必要であれば、防災用品やオフィス什器を取り扱うメーカーに相談してみてもよいでしょう。防災用の設備や機材の見積もり作成を兼ねて、計画をまとめるためのアドバイスをもらうことができます。

⚡「事前防災対策」に費用はどの程度かかるのか

　事前防災対策には物理的なものが多いため、ある程度の費用が必要となります。地震対策の一環としてオフィス内の什器や機器を固定するための費用、火災や水害に対応するための用具や救助道具、防災備蓄用品や一時避難用の避難グッズをそろえるための費用、安否確認システムを導入する場合はその費用などが必要となります。導入数によって金額は変わってきますが、全てを実施する場合は最低でも社員数×数万円程度の出費が見込まれます。

　一度にあまり多くの費用をかけられない場合は、事前防災対策の計画のみを先に策定し、それが完了し次第、BCP策定は次の経営資源抽出のステップへ進み、事前防災対策の物理的な対策は数年がかりで実施するという方法も取り得ます。BCP本体の策定には特別な費用を必要としないためそちらを優先させ、費用が発生する防災対策は並行して進めるという方法です。

⚡「事前防災対策」の期間はどの程度必要か

　プラン自体は１週間程度で完成させることができますが、具体的な防災対策、備蓄品の手配、安否確認の仕組みの導入などには数カ月単位で時間がかかりますので、この後のBCP本編作成と並行して行うとよいでしょう。特に建物の耐震診断や耐震強化を行う場合は年単位で時間が必要な場合があったり、コストを平準化させるために数年かけて備蓄品を充実させる場合もあり得ます。

「事前防災対策」の進め方

事前防災対策の目的は、「従業員が死なない環境を作る」ことです。具体的には、以下の手順で作業を進めていきます。

作業7 ▶地震対策（強い揺れから命を守る準備）(P.82)
作業8 ▶二次災害・自然災害対策（避難で命を守る準備）(P.87)
作業9 ▶防災備蓄・帰宅困難対策（帰宅抑制の準備）(P.91)
作業10 ▶安否確認対策（従業員及びその家族の安否確認の準備）(P.98)

これらは全て従業員の命を守るための準備です。設備をはじめとする物理的な経営資源を守るための対策は、この後の第6章「個別対策計画」で実施します。例えば地震対策の一環として什器を固定する場合、倒れると従業員の命に危険が生じるような場所のキャビネットはしっかり固定しますが、普段誰もいない倉庫の棚の固定はここでは考えません。その倉庫の棚が事業継続の要であれば対策をしますが、その判断も第4章「経営資源の特定」で行います。

POINT 防災対策はBCPの前提

BCPを額面通り、「事業継続」のためだけに行う計画としてまとめると、BCPが対象とする事業以外の守りの対策が手薄になります。防災対策の範囲を特定の中核事業・経営資源に集中する場合、極端なことをいえばその重要業務に携わっている従業員さえ守れればよいので、特別に安全にしたフロアに重要な人員を集めるとか、重要業務の担当者だけヘルメットや備蓄品を用意するという方法もあり得るのですが、会社全体としてそんな準備は許されないでしょう。

また、BCPそれ自体は、つまるところ緊急時対応をまとめた書類の束ですから、立派なBCPを作成しても、それでビルが地震に強くなるとか、従業員が火災で焼死しなくなるとかいう効果は当然ながらありません。BCPの過程で実施される個別防災対策を物理的に実施することで災害に強くなるのです。さらに、中核事業

に絞っているとはいえ、全ての経営資源を万全な防災対策で守ろうとすることはおそらくコスト的に難しく、どうしても優先順位を付けて対応する必要があります。

そうなると、必然的に優先順位が低い業務の担当者、あるいは関連度が低い部署のあるフロア領域の防災対策を後回しにしたくなりますが、特に中小企業の場合、従業員の命を無視したBCPは成立しません。そこで、BCPは「事業」と「従業員の命」の両方を守ろうとする計画であることを早めに定着させるため、時間がかかる個別防災対策を実施する前に、まず従業員の命を守るための共通防災対策を行うべきなのです。

作業7
地震対策（強い揺れから命を守る準備）

まずは、自然災害の中で最も命に対する危険が大きい地震対策から実施します。地震は事前に発生を予測することが不可能で、予兆を感じてから数秒で危険に巻き込まれ、大きな揺れにより行動が不能となるため、事前に準備しているかどうかで命を守れるかどうかが決まるという特性があります。

作業7｜地震対策（強い揺れから命を守る準備）

用いるワークシート・資料
- ◆様式4：事前防災対策管理表（P.83）
- ◆様式5：救助用品／応急救護用品一覧表（P.86）

作業手順　▶オフィス・建物内の危険箇所の確認
　　　　　　▶建物の耐震性の確認
　　　　　　▶什器や重量物の固定
　　　　　　▶ガラス扉や蛍光灯の飛散防止処置
　　　　　　▶消火設備の準備
　　　　　　▶人命救助・応急手当用品の準備

様式4. 事前防災対策管理表

場所	対応箇所	対応内容	更新日	状況
オフィス1F	キャビネット1	壁に固定	YYYY/MM/DD	対策済み
	キャビネット2	壁に固定	YYYY/MM/DD	対策済み
	複合機	キャスター固定器具を設置	YYYY/MM/DD	部品発注済み
休憩室	液晶テレビ	据え置きキャビネットに固定	YYYY/MM/DD	部品発注済み
	ガラス扉	飛散防止フィルムの貼り付け		業者への見積もり中
オフィス2F	蛍光灯	飛散防止シートの巻き付け		商品選択中
	金庫	床に固定		手法を検討中

　物理的な防災対策を実施する際は、ある程度のコストや期間を投じなければならない場合がありますので、事前防災対策で行うことを一覧表にして管理すると抜け漏れがなくなります。大地震が発生した際、人命に影響を与えそうな項目をピックアップして、特に被害が大きくなりそうな場所、あるいはコストパフォーマンスのよさそうな場所から順番に対策していきましょう。以下に大地震に対する事前防災対策のポイントを記載します。

建物の耐震性の確認

　地震対策で最も重要なのは、オフィス・店舗・工場といった建物を頑丈にすることです。防災備蓄や設備の固定などのあらゆる対策を講じたとしても、建物が倒壊してしまえばまったく意味がありません。そのため、事前防災対策を行う際にはまず建物の耐震性を確認することから実施します。地震に対する建物の安全性については専門家による耐震診断を受けてもよいのですが、建物の築年数によってもある程度の目安をつけることができます。建物の地震に対する強度は、建築基準法で定められた耐震基準によって定められていて、これが

一定水準以上のものであれば、大地震が発生しても即座に崩壊する可能性は低くなるためです。

　耐震基準は大地震が発生するたびに見直されていますが、近年において重要なのは1981年6月1日に改正された建築基準法（施行令）です。この改正による基準を「新耐震基準」と呼び、この基準をクリアしている建築物は、それ以前の基準に準拠する建築物と比較して地震に対する強度が高くなっています。阪神・淡路大震災や東日本大震災においても、新耐震基準以降の建造物が地震の揺れで瞬時に倒壊したという事例は少数にとどまっています。

　これから新しくオフィスを構える計画がある場合、また移転の計画がある場合には、ビルや建物の築年数を最重要項目の1つとして物件の検討をすべきです。1981年6月1日以前に建築確認を受けて建築された古い建物に入居する場合、または現在入居している場合は、耐震補強工事の有無、また専門家による耐震診断のチェックなどを管理会社に確認し、地震に耐え得るかどうか判断しておく必要があります。また、新耐震基準を満たしている建物の場合も、「即座に倒壊しない」ということと「大地震の後もそのまま使える」ということは別です。命を守るためには建物から避難するまでの時間が稼げればよいのですが、事業を継続するためにはできれば無傷であることが望ましいため、自社工場や自社店舗など、建物そのものが事業継続の鍵を握るような会社の場合は、建物の耐震性について気を使う必要があるでしょう。

⟲ 什器や重量物の固定

　建物を頑丈にしたら、次にオフィス什器や設備・機材を固定します。オフィスにある背の高い書類棚やキャビネット、コピー機や金庫などの重量物、店舗や倉庫に設置されている商品棚、工場に設置されている製造設備など、「倒れて潰されると命が危ない」と思われるものは全て固定しておくことが重要です。

　最も理想的な対策は、什器や重い機器を、床や天井、壁などに金具を使って直接固定することです。上部と下部をネジやボルトでがっちりと留めてしまえば、大地震の直撃を受けても即座に転倒する可能性は低くなります。建物が自社保有であれば迷わずにこの方法を取るべきですが、賃貸物件の場合はまず管理会社などに相談する必要があります。金具を用いることができない場合、ま

た床下に配線を通すため上げ床となっている場合には、突っ張り器具やジェルマットなどを利用して固定します。激しい揺れに襲われた場合、最終的には器具が外れて転倒するかもしれませんが、従業員がデスクに潜り込んだり頭部を保護したりするまでの時間が稼げれば十分に役目を果たすことができたといえるでしょう。

◐ ガラス扉や蛍光灯の飛散防止処置

　オフィスの窓、オシャレなガラスドア、キャビネットやショーウィンドウのガラス扉、蛍光灯などは、大地震の際に割れると極めて危険な状態になります。ガラスは割れた際に直接的なけがの原因になることはもちろん、避難の妨げになったり、仮復旧作業を遅らせる要因になったりすることがありますので、什器の固定と併せて、割れた際に人に影響を及ぼしそうな場所にあるガラス類には、飛散防止の対策を講じておくことが必要です。ガラスに貼ることで割れなくするための飛散防止フィルム、また蛍光灯にかぶせることで割れなくするためのカバーなど、ガラスの飛び散りを防ぐための道具を使って対応します。

◐ 消火設備の準備

　一定規模以上のオフィスや建物には消火設備の設置が義務付けられていますので、事前防災対策を行う際にわざわざ消火設備を新調する必要はありませんが、小規模なオフィスや店舗で消火設備が設置されていない場合は、消火器の1本でも構いませんので準備しておくとよいでしょう。

　地震の二次災害で、液状化・津波・土砂災害については場所によって起こる可能性が限りなくゼロになる場合がありますが、地震火災だけはどのような立地であっても生じる可能性があります。特に災害の規模が大規模になるほど消防車などの支援が受けづらくなり、火災は自社で初期消火ができるかどうかが被害を抑えるために重要となるため、どのようなオフィスにおいても最低限の対策は必要になります。

様式5. 救助用品／応急救護用品一覧表

種別	備蓄品	数量	保管場所	入れ替え期間
救助用品	バール	1個	入り口道具入れ	―
	ジャッキ	2個	入り口道具入れ	―
	ロープ	1本（10m）	入り口道具入れ	―
応急救護用品	包帯	5包み	共通救急箱	―
	三角巾	5枚	共通救急箱	―
	脱脂綿	20枚×3パック	共通救急箱	―
	消毒液	2個	共通救急箱	YYYY/MM/DD

人命救助・応急手当用品の準備

　1981年6月以降に建築認可された建物にオフィスを構え、オフィス内の什器や機器を固定し、ガラスが割れないようにフィルムを貼り、初期消火の準備を施しておけば、大地震の揺れにより従業員が死傷する可能性はかなり低くすることができます。しかし、災害には想定外が付きもので、万全な防災対策を講じても被害を完全にゼロにすることはできません。そのため、従業員に被害が出た場合を想定した準備は最低限行っておく必要があります。

　様式5のような一覧表を作成し、準備した救助用品と応急救護用品を書き込んでおきます。まず必要なのは、救助の準備です。倒れた棚に潰されてしまったり、変形して開かなくなったドアを破ったりするためには、最低限の道具が必要となるため、フロアごとに1つずつ災害救助用のセットを常備しておきましょう。中身は、バール、ツルハシ、スコップ、ハンマー、ジャッキ、ロープ、また革手袋やヘルメットなど、倒れた棚や倒壊した建物から人を助け出すために必要な道具を入れておきます。

　次に必要なのが、けがをした従業員のための応急手当の道具です。

大地震直後には病院などの医療施設が大混乱となりますので、骨折や流血「程度」では医師に診てもらうことは困難です。切り傷や打撲などの軽傷に対する準備はもちろん、骨折ややけどなどに対応できるように道具を用意しておく必要があります。また、応急手当の道具を用意する際には、手当の知識も併せて用意しておく必要があります。予備知識なしで包帯や三角巾を正しく使うことはできるでしょうか？　ぶっつけ本番でAED（自動体外式除細動器）を作動させることができるでしょうか？　日常から救命救急の心得がある従業員は少数ですから、用意した道具をきちんと使うための準備が必要となります。

　理想的には全ての従業員に普通救命講習を受講させることですが、共通救急箱などのセットを用意した場合に、道具の使い方や手当の仕方をまとめたマニュアルを紙で用意しておくことである程度の代替が図れます。心肺蘇生やAEDは覚えがなければなかなか実践することは難しいため、できるだけ自宅やオフィス近くの消防署などで無料の講習を受けさせておきましょう。人数が多い場合は出張講習も可能です。こうしたスキル訓練は、「作業37：演習や訓練を通じてBCP活用の練度を上げる活動」（P.227）などで計画し、定期的に実施していきましょう。

作業❽
二次災害・自然災害対策（避難で命を守る準備）

　大地震の揺れに対する準備を終えたら、次に大地震の二次災害や、その他の自然災害から避難するための準備を整えます。大地震の揺れは確かに脅威ですが、耐震強化や什器の固定などをきちんと行っておけば被害を最小限にすることができます。しかし、津波・土砂災害・火災などの地震の二次災害、または大雨による洪水や噴火被害などの大規模な自然災害は、事前に防災を施したとしても、災害の発生自体を抑制することはできないため、従業員の命を守るためには基本的に「逃げる」ことが唯一の対応となります。

　しかし事業を継続させるためには、避難する際に最低限のものを持ち出したり、対策を講じたりする必要がありますので、事前に避難の計画を立てておくことが重要となります。

> **作業8｜二次災害・自然災害対策（避難で命を守る準備）**
>
> **用いるワークシート・資料**
> ◆様式6：避難計画シート（P.89）
> ◆資料：ハザードマップ（防災マップ）、避難地図
>
> **作業手順** ▶従業員の命に危険を及ぼす恐れがある自然災害を特定してリストに追加
> ▶避難の判断ライン、初動対応内容の検討
> ▶非常持ち出し品（個人・事業）の検討
> ▶避難時の行動内容の検討

　避難が必要な状況というのは1分1秒を争う事態であると想定されますので、避難が必要だと判断される場合に何をすればよいか、どこへ避難するのか、何を持って行くのかなどを事前に計画し、見れば分かるような一覧表にまとめておく必要があります。本来は避難訓練などを繰り返して体にたたき込んでおくことが望ましいのですが、非常時のパニック状態を回避するためには「読めば分かる」避難マニュアルを用意しておくと、頭が真っ白になってしまうような状況を回避することができます。様式6のような資料を作成しておきましょう。このシートは緊急時対応マニュアル（初動対応）のファイルに避難用の地図（ハザードマップ）と一緒にとじて、非常時に活用することになります。

↻ 命に危険を及ぼす地震の二次災害及び自然災害をピックアップ

　避難の計画はまず、従業員の命に危険を及ぼす可能性がある自然災害・自然災害以外の災害リスクをピックアップすることから始めます。第2章「災害リスクの想定」でリストアップした自社に影響を与えそうな災害リスクの中で、避難しなければ身に危険が及びそうな災害を選択してワークシートに書き込んでいきます。

様式6. 避難計画シート

大地震（津波）		
状況	主担当者	行動内容
避難判断・初動対応	各自	・震度5弱以上の地震（震度が不明な場合はとにかく「強い」揺れ）が発生したらすぐにビルの屋上へ避難する
非常持ち出し品	各自	・各自のデスク備え付けの緊急持ち出し用品
	各自	・業務PCを緊急持ち出し袋に入れて移動すること
	情シス担当	・共有サーバー（NAS）のHDDを抜いて持ち出す
	総務担当	・重要書類ファイルを持ち出す
	BCP担当	・緊急時対応マニュアルを持ち出す
避難時対応	各自	・窓を閉められそうであれば全て閉めながら移動する
	製造担当	・A装置の電源を落としてから移動する
	ウェブ担当	・運営会社に緊急更新の通知をしてから移動する
	総務担当	・間に合えば開口部に止水板を設置してから移動する

大地震（火災）		
状況	主担当者	行動内容
避難判断・初期対応	各自	・ビル内で火災が発生した場合は屋外駐車場へ避難する。非常ベルが鳴った場合もこれに準ずる。火災の規模の大小は問わないものとする（煙が上がったらとにかく逃げること）
	各自	・火災の第一発見者は直ちに非常ベルを押し、消防署へ119番通報（会社の住所：○○市○○町1-2-3 ○○ビル、会社の電話番号：xxx-xxx-xxxx）の後、初期消火を試みる。火災が天井にまで到達した場合は避難を開始する
非常持ち出し品	各自	・各自のデスク備え付けの緊急持ち出し用品

避難に必要な情報をまとめる

　避難が必要と思われる災害リスクをワークシートに書き込んだら、避難の基準を想定して書き込んでおきます。この作業も正確な事前予測は不可能ですので、自社の建物が古い場合は「強い揺れに襲われたら、揺れが収まった後に必ず避難する」とか、海が近くにある場合は「地震が発生したら必ず避難を行う」とか、「ビル内で火災が発生した際、自力消火が不可能と判断したら避難をする」など、比較的緩めの基準を記載しておけば十分です。またこの際には、どこへ避難すればよいのか、最寄りの避難所や安全な場所を調べて記載しておきましょう。

避難時持ち出し用品のまとめ

　緊急避難が必要な事態においては迅速な行動が求められますが、事業を継続するためには最低限の経営資源を持ち出さなければなりません。重要書類や重要データ、また現金や通帳・印鑑などはすぐに持ち出せるように日ごろからまとめておく必要があります。いざ緊急事態が生じると混乱してしまい、何を持ち出せばよいのか分からなくなってしまったり、後になって足りなかったものが生じがちですので、避難計画の一環として、持ち出さなくてはならない物品をリストにしてまとめておきましょう。津波が発生して足元が水没し始めているとか、火災が生じて目の前が煙に包まれ始めているという状況であれば走って逃げることを優先すべきですが、少しでも余裕があれば重要物を持ち出せるように準備をしておくとよいでしょう。

避難時対応のまとめ

　重要物を持ち出すことと併せて、会社を空にして避難をする際にやっておかなくてはならない作業があればまとめておきます。製造機械を停止させるとか、危険物の倉庫を施錠するとか、放置すると二次災害を招く恐れがある経営資源については対応してから避難するようにします。これも事前に行うことをまとめておくことで、素早い対応と避難ができるようになります。

作業⑨
防災備蓄・帰宅困難対策（帰宅抑制の準備）

　防災対策といえば水や食料などの備蓄が思い浮かびますが、これは何のために行うのでしょうか。もちろん地震後のもの不足を不安なく乗り切り、従業員に安心して働いてもらうためという目的もありますが、最も重要なことはやはり従業員を死傷させないために必要だからです。といっても死因は餓死などではなく、帰宅困難状態における徒歩帰宅の際に、地震の二次災害に巻き込まれることです。これを防ぐために防災備蓄が必要となるのです。

　2011年の東日本大震災において、直接の被災地から離れた首都圏でも多数の帰宅困難者が問題となりました。ただ、「徒歩で帰宅するのが大変だった」という程度の状況で済んでいます。しかし、東京における首都直下地震や、大阪における上町断層地震など、都市部を直撃する大地震が生じた場合、帰宅困難者に本当の意味での危険が襲いかかります。例えば東京都の場合、首都直下地震が生じると、環状7号線沿いに密集する木造家屋を中心に大規模な火災が生じ、都心部を火災のリングがぐるっと囲むことが想定されています。この状況を知らない多くの帰宅困難者が、都心部から郊外の自宅へ向けて一斉に徒歩移動を始めた場合どうなるでしょうか。目の前には燃えさかる火災、後方からはそれを知らずに前へ進み続ける数十万〜数百万人の行進。そこに余震でも発生しようものならば、せっかく助かった多くの命が危険にさらされかねません。

　東日本大震災では、東京の道路が陥没したりビルが倒壊したり火災が行く手を阻むことはありませんでした。阪神・淡路大震災は早朝に生じたため、帰宅困難者は発生しませんでしたが、神戸の街をがれきが埋め尽くし、火災が発生し、大通りは倒壊したビルや高速道路で通行ができなくなりました。今後想定される地震ではどうでしょうか。従業員の命を二次災害から守るためには、状況が落ち着くまでの数日間、帰宅させずにオフィスへ滞留させる準備が必要なのです。

　防災備蓄に必要なものは、水と食料、日用品、衛生用品、そして最

低限の寝具代用品が中心となります。備蓄の量は従業員の数で決まりますが、日数としては地震発生から72時間、3日間を目安とします。なぜ72時間かというと、地震による二次災害が落ち着きを見せるのにこのくらいの時間がかかること、東京都などが定めている帰宅困難者対策条例で3日分の備蓄を呼びかけていることなどが挙げられますが、さらに重要な理由があります。

都市部で大地震が発生し、その揺れが阪神・淡路大震災のように建築物に被害が出やすいものであった場合、1981年以前に設計された新耐震基準を満たさない建築物の多くが倒壊し大勢の生き埋め被害者が生じます。生き埋め被害者を救出するタイムリミットは72時間といわれているため、大地震発生から3日間、消防・自衛隊・行政は生き埋め被害者を救出することに全力を挙げ、その他の被災者への対応は後回しとなります。従って、地震発生から72時間は外部の支援を受けずに自活するための準備が必要になるのです。

また、倒壊した家屋やビルからの救助活動には、機材や重機が必要です。ただでさえがれきなどで道路の通行が制限される状況において、数十万～数百万人の徒歩帰宅者がただ道を歩くという行為そのものが救助活動の妨げになる恐れがあります。地震発生から72時間は道路を空ける、これが人命救助に対して間接的ではありますが絶大な効果を上げることになります。従業員を二次災害から守るため、そして自社の従業員を徒歩で帰宅させることで人命救助を妨害しないために、3日間のオフィス滞留が求められるのです。

作業9 │ 防災備蓄・帰宅困難対策（帰宅抑制の準備）

用いるワークシート・資料
　　　　◆様式7：防災備蓄用品一覧表（P.93）
作業手順　▶備蓄する防災用品の種類と量を求めてワークシートに記述する
　　　　　　▶順次防災用品を購入して管理を行う

POINT **防災備蓄は特に大都市の企業に必須の防災対策**

　　　　防災備蓄は大量の帰宅困難者が生じそうな大都市の企業において重要な対策です。従業員の大半が会社の近所に住んでいる場合、授業員の大半が自動車通勤をしている企業など、帰宅困難者がほとんど生じないと思われる地域の場合は防災備蓄の重要度は低くなります。

　防災備蓄を本格的に行う場合はそれなりの量が必要になりますので、一覧表を作って管理を行います。職場に滞留させるための物資の量は、普段会社にいる従業員の数＋来訪者や避難者向けの予備として1割程度を加算した量が適当です。また、泊まり込みで仮復旧業務に当たらせる計画を立てている場合には、その分量を追加して備蓄を行います。

様式7．防災備蓄用品一覧表

カテゴリー	備蓄用品	1名当たり	備蓄量	期限管理	保管場所
排泄・衛生	非常用トイレ	7回×3日	XXX個	YYYY/MM/DD	倉庫
	トイレットペーパー	1個	XXX個	YYYY/MM/DD	倉庫
	アルコールティッシュ	1個	XXX個	YYYY/MM/DD	倉庫
水・食料	緊急避難時用飲料水	500mlペットボトル1本	XXX個	YYYY/MM/DD	各デスクの袋
	備蓄用飲料水	3L×3日×人数	XXX個	YYYY/MM/DD	倉庫
	緊急避難時用携帯食	栄養補助食品1食×3日	XXX個	YYYY/MM/DD	各デスクの袋
	乾パン・ビスケットなどの主食類	1食×3日	XXX個	YYYY/MM/DD	倉庫

備蓄品の準備

①トイレ

　防災備蓄で最も重要なのは、水でも食料でもなくトイレです。数時間や1日程度飲まず食わずとなっても死亡することはありませんが、丸1日トイレを使わないということはあり得ません。水や食料を3日分用意するならばトイレも最低3日分、1週間分用意するならばトイレも最低1週間分用意する必要があります。量はどの程度必要でしょうか。成人は1日当たり1.5リットル前後の尿を生成し、1回の排尿で約0.3リットルを体外に出すため、まずこの処理で5回分が必要になります。さらに大便と予備を考慮すると、1日当たり6〜7回分程度の非常用トイレが必要な備蓄量となります。

　なお、大便には非常用トイレを用いるとしても、尿に関してはそのままトイレに流してもよさそうです。しかし、大地震などでビルや建物が強く揺れると、内部の配管が外れて汚水を流すことができなくなる場合があります。この状態にも関わらず汚水を流すと、階下やビル周辺に汚物をまき散らすことがあり得ますので、大便だけでなく尿についても、全量を非常用トイレで処理できるようにしておく必要があるのです。

②食料備蓄

　非常時における食事は、単純にエネルギーと栄養を補給するという目的にとどまらず、メンタルヘルスの維持改善においても重要な要素となります。常に緊張を強いられる非常時において、普段の食事に近いもの、温かく美味な食事が得られるだけで、緊張やストレスを緩和する効果が得られるのです。

　災害直後こそ、乾パンや例えばカロリーメイトのようないわゆる「非常食」で食事をまかなうとしても、数日間の滞留を前提にするのであれば、もう少し普段の食事に近い、おいしい備蓄食料を用意しておくことが望ましいです。予算が限られるようであれば、全ての食事を豪華にするのではなく、1日のうち1食に集中してよいものを割り当てると効果的です。1食分の食事（ご飯・おかず・味噌汁缶）と発熱剤が同梱されている食事のセットなどは、温かくおいしい食事を得られるため有効です。またカセットコンロなどを用意することができると食事環境がかなり改善されます。

③水の備蓄

　水の備蓄量は、1日当たり3リットルが目安とされます。人間は排泄・呼吸・発汗などの作用で1日当たり2〜2.5リットルの水を体外に排出しています。そのため食事や飲料用だけでも最低限これだけの水分を摂取する必要があります。さらに生活用水も必要となるため、3リットルが目安とされています。

　備蓄用水には消費期限が5年以上と長い商品もありますが、消費期限が長い商品は総じてコスト高であり、さらに入れ替え期間が長くなると管理が難しくなるということもあるため、いわゆる普通のペットボトル水を大量に購入し、1〜2年程度で消費期限切れのものから入れ替えていくことも有効です。

POINT 水と食料の備蓄は流通在庫を活用する

　水や食料といった防災備蓄品には消費期限があるため、定期的に入れ替える必要があります。しかし企業規模が大きくなると量が必要になるため、いかにコストを抑えるかが課題となります。そこで、防災対策専用に用意するのではなく、平時から使用できるようにすることでコストを圧縮する考え方を紹介します。

　例えば、社内に従業員用の自動販売機やウォーターサーバー、菓子類の販売コーナーを導入することで、備蓄品の一部を置き換えることができます。こうしたサービスを利用するとサービスベンダーが自動的に補充してくれるため在庫管理の手間が省け、また、何より従業員が喜ぶ福利厚生の一環ともなります。

　来客や従業員用に水やお茶などのペットボトルを用いているのであれば、消費期限が許す範囲でオフィス内に在庫を用意してもよいでしょう。来客と社内需要で月に100本のペットボトルが消費されるのであれば、社内に1年分、1200本のペットボトルを備蓄し、消費した分だけ新しく補充するという方法で、消費期限を気にせずに水の備蓄ができます。防災備蓄を全て災害時専用として用意するのではなく、一定量の防災備蓄や緊急用品について一部を日常で流通させられるもので補うことで、コストダウンを図りながら入れ替えの手間を軽減させることができます。

④睡眠・防寒用品

　数日間のオフィス滞留には、睡眠の空間を用意する必要があります。理想的には全員が体を横にして休めることですが、オフィスの広さ的に難しい場合は、机に突っ伏して休息を取らなければならない状況もあり得ます。この場合は、会議室や休憩スペースなど、落下物や転倒物の危険がない安全な空間を交代で使って休息や睡眠が取れるように計画しましょう。また、冬場は暖房器具が使えない場合の防寒対策が必須となるため、1名当たり1枚以上の毛布やエマージェンシーシート（アルミブランケット）を配布し、さらに備蓄用品を梱包していた段ボールを床に敷くなどして防寒できるようにする必要があります。

⑤安全・衛生管理用品

　狭い空間に大勢が滞留する場合、衛生状況を保つことが、感染症や食中毒を防止するために必須となります。アルコールスプレーやウェットティッシュを用意しておき、トイレの利用後や食事の前に使えるようにしておきましょう。これらの備蓄は手洗い用の水の節約にもつながり有効です。また感染症や乾燥による体調の悪化を防ぐためマスクを用意しておいたり、けがの防止と防寒を兼ねて軍手を用意しておくことも有効です。余裕があれば使い捨ての紙下着、圧縮されているシャツなどを備蓄品に加えるとよいでしょう。女性従業員の割合が多い場合は、生理用品などをまとめて備蓄しておくと役立ちます。量が余るようであれば近隣の避難所に提供してもよいでしょう。

　夜間の照明にはLEDライトを用います。一般的に明かりにはろうそくを用いる印象がありますが、大地震直後は大量のがれきや粉塵の発生により、大変火災が起こりやすい状況になり、また余震が生じる可能性も高いため、明かりとしてろうそくを用いることは避けなくてはなりません。

備蓄品の保管場所と管理方法

　大地震発生の直後には、身の安全を守るためのヘルメットや帽子が必要ですが、これが防災倉庫に積んであっては意味がなく、各自のデスク周りに用意されている必要があります。また、揺れが収まった直後には救助や応急手当の道具が必要になりますが、これも各フロアの取り出しやすい場所、入り口付近な

どに保管していなければ意味がありません。逆に水や食料といった備蓄品は、トイレの設営後に順次配布する必要があるため、各自が自由に取り出せる場所ではなく備蓄倉庫などで集中管理されていることが望ましいといえます。

　保管の際は火災発生時のスプリンクラーなどから備蓄品を保護するため、個別包装されていない備蓄品については、いわゆるブルーシートなどを段ボールにかぶせて防水しておくことが望ましいです。ブルーシートはオフィス滞留時の敷物として利用できるため一石二鳥です。これら、帰宅困難対策ではなく、災害直後の応急手当、救護、安全確保などに必要な防災備蓄品の扱いは、共通防災の項目と併せて後半の非常時行動プランでも考える必要があります。

　また、水や食料、医薬品や乾電池のように消費期限がある備蓄品は、一斉に入れ替え時期を迎えないように期間を調整しておくことが望ましいです。支出の発生を平準化する理由もありますが、入れ替え期間の前後に大地震などが生じた場合、物資不足で入れ替え品の調達ができなくなる可能性があるからです。従業員の数や構成に変化が生じた場合に柔軟に対応するためにも、年1～2回の備蓄品確認と入れ替えスケジュールを組んで、最新の状況に合わせた見直しを行い続けることが望ましいでしょう。定期的に備蓄品に触れる機会を設けることで、BCPの担当者や他の従業員の意識継続を図ることもできます。

　なお、備蓄品の消費期限は余裕を持って設定されており、消費期限が切れた瞬間に食べ物が腐ったり、ウェットティッシュが即座に乾燥してしまったりするわけではありません。ですから、期限が1カ月程度切れたからといって即総入れ替えを行う必要はなく、次回の入れ替えタイミングで交換すれば問題ありません。ただ、食品について消費期限にデリケートな従業員もいるため、できるだけ期限切れを起こさないように入れ替えを行ってください。

　消費期限がある備蓄品については、入れ替えのタイミングで従業員に配布して、会社がきちんと防災備蓄を行っているという安心感を与えたり、使用感を試してもらったりすることも有効です。特に非常食については個々人の嗜好やイメージに大きな差があるため、定期的にアンケートを取って入れ替え時の参考にすることもできます。また、期限切れ直前の防災備蓄品を生活困窮者へ配布する活動を行っている団体などもあるため、そうした団体を通じて備蓄品の入れ替えを行うことで、会社のCSR活動の一環とすることもできます。

徒歩帰宅のための支援・帰宅困難対策

　大地震の直後には従業員をオフィス内に滞留させることが基本ですが、幼児がいる家庭や、日常生活に支障のある要支援者が１人で自宅にいるような従業員の場合、無理を押してでも帰宅しなければならない状況があり得ます。このような従業員については、地震発生直後の帰宅をできるだけ安全なものにするための支援を行うことが必要です。

　ヘルメット、スニーカー、軍手やマスク、自宅までの詳細な地図、携帯トイレ・水・食料、LEDライトなどをリュックサックに詰めた帰宅支援セットを用意しておき、配布することが考えられます。原則は状況が落ち着くまでのオフィス滞留とし、やむを得ない従業員については道中の安全をできるだけ支援するという方針が望ましいでしょう。事前に帰宅が必須であるかどうか、従業員個別の状況を把握しておくとスムーズな判断ができます。

POINT　防災備蓄を活用するには従業員の家族の安否確認が必須

　防災備蓄を活用して従業員を３日間程度オフィスに滞留させるためには、従業員とその家族の安否確認が必須となります。従業員をオフィスに滞留させるための備蓄品を用意しても、従業員が自分の家族の安否を確認できない場合、交通機関が停止していても徒歩で帰宅しようとする傾向が強まります。これは2011年の東日本大震災で実際に見られた結果からも判明していることです。従業員の安否確認の仕組みを導入する際には、その家族までをカバーできる仕組みにしておくとよいでしょう。

作業10
安否確認対策（従業員及びその家族の安否確認の準備）

　事業の仮復旧を行うにしても、従業員の安否状況が把握できていなければ人員の配置すらままならないため、迅速かつ正確な安否確認が必要となります。安否確認システムを導入する、もしくは連絡網による安否確認の仕組みを構築する際には、複数の通信手段を併用することが重要です。東日本大震災では安否確認の多くに携帯メールと電話

が用いられていましたが、大規模な通信障害によりそのいずれもが長期間利用できなくなり、安否確認が正常に機能しないケースが多数生じました。

　災害に強い通信手段はインターネットです。東日本大震災でも、個人間の安否確認の手段としてインターネットは有効に働きました。具体的には、Twitter(ツイッター)やFacebook(フェイスブック)などのソーシャルメディアや、Skype(スカイプ)やLINE(ライン)などのインターネット回線を用いた連絡ツールの利用が考えられます。また、NTTが提供する災害用伝言ダイヤル171や、携帯電話事業者の災害用伝言板を用いて、従業員が自分の電話番号に安否情報を登録し、それを安否確認の担当者が個別に集約する方法もあります。さらに、デジタル機器が利用できない事態も想定し、最低限の連絡先を紙やカードの形にして携帯させることも有効です。

作業10 | 安否確認対策（従業員及びその家族の安否確認の準備）

用いるワークシート・資料
- ◆様式8：従業員連絡先一覧表（P.100）
- ◆様式9：緊急情報カード（個人情報収集に関するアンケート）（P.101）

作業手順
- ▶安否確認の仕組みを計画し導入する
- ▶従業員の安否確認が行えるように準備と訓練をする
- ▶従業員の家族の安否確認が行えるようにする

様式8. 従業員連絡先一覧表

社員番号	氏名	電話	メール	Facebook	住所	徒歩出社	帰宅の必要性
1	○○一郎					可	あり
2	○○二郎					可	なし
3	○○三郎					不可	なし
4	○○四郎					不可	なし
5	○○五郎					不可	あり
6	○○花子					不可	あり

従業員一覧表

　まず安否確認の事前準備として、従業員の一覧表を紙で用意しておくことが必要です。従業員が数名の会社であれば緊急事態が生じてから名前を書き出すこともできますが、数十〜数百名以上の企業になってくると、全員の名前を書き出すだけでも時間がかかりますし、また全員を抜け漏れなく思い出して書くことは難しくなります。中には「社員200名の名前と顔はもちろん家族のことだってきちんと分かる」と言う経営者もいらっしゃるかもしれませんが、では非常事態が生じた際、200名分の名前を5分以内に紙に書き出すことができるでしょうか。また、誰がどこに住んでいて、帰宅させる必要があるのは誰か、泊まり込むことができるのは誰か、逆に休日に非常事態が生じた場合、会社へ出社させなければならないのは誰なのかなど、従業員が10名を超える場合は事前にリストを作っておかなければまず管理できませんので、一覧表が必要になります。一覧表に掲載できる情報量は限られるため、情報収集のためのヒアリング用紙を兼ねて様式9のような「緊急情報カード」を作成して保管しておくことが有効です。

第3章　事前防災対策

様式9. 緊急情報カード（個人情報収集に関するアンケート）

種別	項目	内容
連絡先情報	社員番号	1234
	氏名	○○一郎
	自宅電話番号	xxx-xxx-xxxx
	携帯電話番号	xxx-xxxx-xxxx
	携帯メールアドレス	xxx@xxxxx.com
	Facebookアカウント	xxx.xxx
	緊急時連絡先	xxx-xxxx-xxxx
		※同居家族の電話番号
安否確認	安否確認対象家族	父）xxx-xxxx-xxxx
		母）xxx-xxxx-xxxx
		弟）xxx-xxxx-xxxx
		xxx@xxxxx.com
通勤情報	自宅住所	○○県○○市○○町 1-2-3
	通勤ルート	自宅 → JR○○駅 → JR○○駅 → 会社
	通勤時間	45分
	徒歩通勤の可否	可
	徒歩通勤の時間	4時間
	大規模災害発生時の帰宅の必要性	なし ※ただし家族の安否確認が取れている場合
業務情報	所属部署	○○事業部
	担当業務	○○グループ　○○担当
	保有資格、社内スキル	普通自動車免許
訓練状況	普通救命講習	yyyy/mm/dd
	消火訓練	参加履歴なし
	BCP机上訓練	参加履歴なし

緊急情報カード（個人情報収集に関するアンケート）

　緊急情報カードには、連絡先、居住地、家族構成（帰宅必須の有無）、担当部署、担当業務、保持しているスキルや職能、過去に参加した防災訓練の情報などをまとめて記載しておきます。この情報から必要なものをピックアップして、「従業員一覧表」を作ると便利です。これらの一覧表と個別カードは、緊急事態が生じた際に緊急時対応マニュアル（状況確認）と併せて取り出し、全員の安否確認を行う際に使用します。なお、このような一覧表は作った瞬間から古くなり始めます。そのため、作成後のメンテナンスをきちんと行うことが重要です。従業員の入社・退職の際はもちろん、長くても1年、できれば半年に1回程度は、登録されている情報に変更がないか確認する必要があります。

　近年では個人情報に対する意識の高まりから、個人情報を収集することに拒否反応を示す従業員も増加しています。しかし、非常時に対応する際の情報として、この従業員情報を把握しておくことは最も基本的な重要事項ですから、このリストの重要性、またリストの管理方法などをきちんと定め、個人情報が漏れることがないことを丁寧に説明して納得してもらうことが重要です。業務命令だと言って無理やり情報を提出させることは不可能ではありませんが、それで従業員の反発を買い、偽りの連絡先などを提出されてしまえば本末転倒です。情報を使う目的をきちんと説明してリストを作成するようにしましょう。

安否確認システムは複数端末対応かつ平時からの訓練が必須

　大規模な災害が深夜や休日に生じた場合、安否確認の担当者も被災者となるため出社には時間がかかります。また、停電が生じた場合、モバイル以外の端末は利用が難しくなるでしょう。そのため、安否状況を確認するための端末が会社のデスクトップPCに限定されるという状況は避けるべきです。安否状況の登録と閲覧の両方を、モバイルPC・スマートフォン・携帯電話など複数の端末で行えるようにしておくことが求められます。安否確認を行う担当者も事前に複数名の体制にしておくか、誰でも安否状況の確認ができるような仕組みにしておくとよいでしょう。

　安否確認システムを導入した場合はもちろん、インターネットや災害用伝言ダイヤルを併用する場合なども、定期的にこれらを実際に使用させて使い方を

周知させたり、携帯メールアドレスの変更を察知できたりする仕組みを作っておくことが重要です。可能であれば、日常の業務連絡に安否確認システムを用いることができると、大変効率的です。具体的には、安否確認システムであればメールを配信して返信を受ける、ソーシャルメディアであれば各自が書き込みを行い担当者がそれを確認する、また災害用伝言ダイヤル171は毎月1日と15日に体験利用ができるので、実際に録音してもらい担当者が確認するなど、利用を通じて使用方法に慣れさせておくとよいでしょう。

　当然ながら、単に安否の確認を行うだけでは業務の仮復旧の計画は立てられません。単にシステムの使い方を訓練しておくだけでなく、安否確認の際にどのような情報を得て、それをどのように集計・活用するかという計画を立てておき、繰り返し演習を行うことで、実際にBCPの一部として機能する安否確認の仕組みが構築できるのです。

POINT 被災者ではなく救助者になる準備を

　オフィスの安全を整え、最低限の災害救助や救命救急の準備をしておけば、大地震の直撃を受けたとしても、多くの従業員を軽傷にとどめることができ、速やかなBCPの発動に持っていける可能性が高まります。そればかりか、自社及び従業員を、災害の被災者ではなく救助者側にすることができるようになり、これは大変強力なCSRとしてアピールすることができます。行政の支援や地域の防災計画は、地域住民に対して向けられることが前提であり、企業は支援の対象になっていないばかりか、逆に支援を行う側と見なされることが多くあります。大地震の被災地において、救助や救命の資機材がそろい、意思疎通の系統が整えられている企業という組織は、地域に対する共助の手段として大変有効な働きをするからです。

　多くの方が死傷する被災地において、心身ともに健康であり、かつ意思の統一が図られている集団が、最低限の災害救助や応急救護の道具をそろえてそこにいるという存在感は大変貴重なものです。BCPにおいては関連企業と事前に協力体制を構築すること

が重要ですが、その手前となる防災活動においても、地域との協力体制を話し合っておくことは有効でしょう。BCPのガイドラインや書籍の多くは、あまり防災対策の各論について記述していないのですが、中小企業のBCPには、何よりも失わないための準備が必要なため、防災対策がまだ万全でなければ、これにじっくり取り組むことは絶対に必要なのです。これら共通の防災対策が完了したら、次に個別経営資源への防災対策を実施します。BCPの対象となる経営資源に対して、想定される災害が襲ってきた場合、どのような対策をしておけばその資源を守ることができるのかを計画し、個別の防災対策と再調達計画を立てておきます。

☞「事前防災対策」は中小企業の場合にどう考えるか

　BCPが普及する以前における企業のリスクマネジメントは、大地震に対する防災対策がその中心でした。そのため、日本におけるBCPの普及が本格化する2005年以前からリスクマネジメントに取り組んできた企業は、すでに自前の防災対策が構築されていることが多くあります。しかし、特に中小企業などで、これから初めて本格的なリスクマネジメントに取り組むという場合においては、BCPを策定する前にまず従業員の命を守る防災対策をきちんと施し、その後にBCP本体の作成に入る必要があります。

　事業を守るためには防災対策よりもBCPによる再調達計画の方が有効であり、それ故に大企業などはBCPの策定に力を入れるのですが、中小企業の場合はまず人の命を守るための対策をきちんと施してからでなければ、事業を守るための計画を進めることはできません。BCPを書類にまとめてもビルが丈夫になったり、従業員のけがを防げたりするわけではありませんので、まずは事前防災に取り組みましょう。

☞「事前防災対策」を経営改善に生かすポイント

　前述の通り、事前防災対策はそのいくつかの項目を経営改善に結び付けることができます。例えば、前述の通りですが、防災備蓄用品を準備する際、ウォー

ターサーバー、自動販売機、置き菓子サービスなどの流通在庫を持つサービスを導入することで、防災備蓄用品を福利厚生の設備としても活用することができます。店舗やオフィスでBGMを流すため有線放送を導入することがありますが、これは緊急時の社内放送システムとして用いることもできます。また、安否確認システムを導入する際に、緊急時だけでなく普段から社内で利用できるツールにしておくことで、業務上のコミュニケーションを円滑にすることができたり、定期的に従業員の家族との安否確認の練習を実施することで、家族に従業員の仕事を理解させる効果を得ることもできます。

☞「事前防災対策」の用語解説・一般的な手法

　事前防災対策はBCPの大前提として扱われることが多いため、既存のガイドラインやテンプレートでは事前防災対策の項目を設けていない場合があります。また、BCPが本格的に普及する以前は、企業におけるリスクマネジメントといえば、この事前防災対策こそがその代表格であったため、特に古くから危機管理に取り組んでいる大企業の場合、BCP策定時においてすでにこの対策を済ませていることも多いのです。しかし、事前防災対策が未着手である中小企業の場合は、まずこの対策を万全に行うことが求められます。

☞「事前防災対策」の次に行う項目

　事前防災対策の計画をまとめたら、防災対策を実施しながら「経営資源の特定作業」へ移行します。防災対策の実施には時間がかかるため、物理的な対策を講じながら、BCP策定作業自体は並行して次へ進んでも構いません。

4章
経営資源の特定
～BIA(Business Impact Analysis：事業影響度分析)～

緊急事態においては、限られた経営資源で素早い仮復旧対応をしなくてはなりません。自社の全事業を同時に復旧させることはできないため、事前に優先順位、目標とする操業水準や時間を定めておく必要があります。

「経営資源の特定」を実施する目的

　経営資源の特定は、BCPの中心となる個別防災対策と再調達計画を策定するために実施します。基本的にBCPが求められる状況は緊急事態であり、利用できる会社の経営資源は限られていることが前提となります。また、状況は刻一刻と変化するため、判断すべき事項は平時よりずっと多くなります。このような状況で、会社の全事業・全業務を同時に再開させることは現実的ではなく、全ての事業が停止してしまったと仮定した場合、どの事業から再開させるかという優先順位を事前に定めておかなければなりません。

　また、事業や業務それ自体は概念であり、物理的に守ったり再調達することはできません。BCPにおける防災対策や再調達計画を具体的に行えるよう、BCPで守る対象を物理的に明示する必要があります。これが経営資源の特定で行う作業のゴールです。さらに事業の仮復旧を行う際、ある程度の目標を定めて行動プランを策定しなければ、「そのうち再開できればよい」というような適当な計画になりかねません。そこで、事業が停止した際に復旧させる業務の水準（目標復旧水準）、そのレベルで業務を再開させるまでの時間（目標復旧時間）を定め、緊急時にBCPを有効に活用できるようにしておきます。

◐「経営資源の特定」を実施しない場合のデメリット

　経営資源の特定を行わずにBCP策定を進めると、自社が保有するヒト・モノ・情報など全ての経営資源を対象に個別の防災計画と再調達計画を立てなければならず、範囲が広すぎてBCP策定が困難になります。また、具体的な経営資源を明らかにせず「〇〇業務を守る」として個別の対策を検討すると、内容に具体性を欠く総花的な計画しか作ることができなくなるため、緊急時に役立たないBCPになってしまう恐れがあります。さらに、目標復旧水準や目標復旧時間を定めず、「可能な限り早く高いレベルで業務の再開を目指す」として緊急時のプランをまとめると、実効性のない緊急時業務フローとなり、これもやはり役に立たないBCPとなってしまいます。従って、書類としてのBCPがあればよいというのではなく緊急時に役立つBCPを策定したいという場合には、この経営資源の特定作業が重要になります。

◐「経営資源の特定」を実施する場合のメリット

　経営資源を特定して守る対象を明らかにすることで、BCPの対象とする準備の範囲も定まるため、現実的なBCPを策定できるようになります。そして、業務に必要な経営資源を明らかにすることで対策の抜け漏れが減り、実効性の高い計画となります。また、目標復旧水準や目標復旧時間を定めることで、単なる書類ではなく非常時に役立つ復旧手順書となります。

◐「経営資源の特定」の本質や意味は何か

　BCPにおいて重要な「事業に優先順位を定める」「目標を定めて計画を立てる」を具体化するために行うのがBIA（Business Impact Analysis：事業影響度分析）ですが、要するに全ての事業が抜け漏れなく把握できていればよいため、個人事業主や、全員がBCP策定の会議に参加できる数名規模の企業の場合は、無理に実施する必要はありません。さまざまなフレームワークがありますが、とにかく業務に必要な経営資源をリストアップすることが目的なので、バーっとひたすら紙に書き出し、抜け漏れをチェックして付け足すというやり方でも構いません。

「経営資源の特定」はいつ実施するのか

経営資源の特定は、BCP本体策定の最初に行う項目です。BCPに実効性を持たせるポイントである個別防災対策と再調達計画は、守るべき対象となる経営資源が明らかにならないと策定できないため、まずBIAを行って守るべき経営資源をリストアップしておく必要があります。また、緊急時対応フローを策定する際にも、復旧すべき業務の目標水準と、目標復旧時間を定めておく必要があるので、やはりこの項目を先に行っておかなければなりません。

「経営資源の特定」は誰が行うのか

経営資源の特定は、BCP担当者が取りまとめをしながら、経営層から現場担当者まで幅広い関係者の協力を得て実施する必要があります。中核事業の優先順位設定は経営層が中心となって実施しますが、重要業務の抽出と経営資源の洗い出しはBCP担当者が各部署や現場担当者に意見を聞きながら実施します。目標復旧水準と目標復旧時間については、経営視点での目標設定と現場視点での実現可能性をすり合わせながら設定します。

「経営資源の特定」に費用はどの程度かかるのか

経営資源の特定（BIA）は物理的な対策を実施するための前提を固める作業ですので、人件費以外のコストは不要です。ただし、幅広い部署を対象としているため、会社規模が大きくなるほど時間がかかる項目でもあり、社内原価としてのコストはそれなりに必要となります。

「経営資源の特定」の期間はどの程度必要か

BIA自体は机上の分析レポートを作成する作業であり物理的な作業を伴わないため、数カ月もの時間は必要ありません。しかし個人事業主や数名規模の企業以外は、他部署へのヒアリングやアンケートを取りながら情報を集約したり、決裁者の承認を取りながら進める必要がありますので、社内調整や回答を待つ時間が必要となります。

「経営資源の特定」の進め方

「経営資源の特定」は、BCPのガイドラインや一般的な用語では「BIA（Business Impact Analysis：事業影響度分析）」と呼ばれ、BCPの各種作業の中でも最も重要な項目の１つに位置付けられています。経営資源の特定（BIA）を実施する目的は、「事前防災・再調達計画を行う対象とする経営資源を全て洗い出し、対策の優先順位を付ける」ことです。第３章「事前防災対策」では、自社の従業員全員を対象とする防災対策を計画しましたが、本来のBCPでは自社全ての経営資源を守ることはせず、守りたい対象に優先順位を付けて最小限の対応を行うことから始めます。

経営資源の特定は次の４項目を作業として行いますが、順番に実施していけば完了するというものではなく、各項目を行ったり来たりしながら徐々に完成度を高めていくという流れとなります。

作業11 ▶ **中核事業の設定**（P.110）
作業12 ▶ **重要業務の洗い出し**（P.114）
作業13 ▶ **目標復旧水準・目標復旧時間の設定**（P.118）
作業14 ▶ **経営資源の特定**（P.125）

最初に、自社において最も重要な事業、あるいは、全ての事業が何かしらの理由で停止してしまった際に最も早く再開させたい事業を定めます。これを「中核事業」と呼び、BCPで守る対象と定義します。中核事業を定めたら、次に、この中核事業を構成している業務の洗い出しを行います。防災対策を計画するにも、再調達の計画をするにも、また、停電時に手作業でどう作業をするかというようなことを計画するにも、「事業」単位では大きすぎて対応が考えにくいため、具体的な「業務」に分解して対策を立てやすくするのです。

業務の洗い出しと並行して、事業が停止してしまった際にどのくらいの水準・どのくらいの時間で再開させたいのかという、「目標復旧水準」と「目標復旧時間」の設定を行います。事業が停止する状況はつまり緊急事態ですから、全ての業務を平常通り100％の稼働率で再開させることは考えません。何段階かで少しずつ復旧させることになりますが、それぞれの復旧水準において最低

限必要な業務はどれかということを検討し、最小構成の業務について洗い出しをします。この際に定めた特に重要な業務を「重要業務」と呼び、業務を再開させる際にどのくらいの水準で対応するのかという目標復旧水準と、この水準の業務をいつまでに再開させるのかという目標復旧時間を同時に定めます。

最後に、復旧を行う際の各業務水準において、最小限必要となる経営資源のリストアップをします。業務を行うのは人であり、業務をするためには道具や設備が必要で、また、商品を仕入れたり外部のサービスを利用したりする必要があります。業務を構成するこれらの経営資源をリストアップし、守る対象物が具体的に何であるかを明らかにします。これが経営資源の特定（BIA：事業影響度分析）の最終的なゴールとなります。

作業11
中核事業の設定

　最初に行うのは「中核事業の設定」ですが、「中核事業」とは何でしょうか。中核事業という言葉はBCPのガイドラインやテンプレート、書籍やセミナーなどで必ず出てくる用語の1つで、「BCP策定とは、まず中核事業を定めることである」と偉そうに説明されることが多いありがたい言葉です。中核事業というとさも重大そうな、それこそ経営の根幹を揺るがす大切な事業のように思えます。日本のGDP（国内総生産）に影響を与えるような自動車産業のことでしょうか。または売上1兆円の企業の主力事業のことでしょうか。いずれも正しいのですが、中核事業は大企業に特有のものではなく、中小企業はもちろん個人事業主にも存在します。簡単にいえば、自社が行っている複数の事業についてさまざまな視点から優先順位を定め、その一番上位となる事業、その会社にとって最も重要な事業を中核事業と呼び、これを定める作業が中核事業の設定です。

　中核事業は当然ながら会社によって内容が異なります。複数のラインを持つ製造業であれば、最も重要なライン、例えば最も重要な取引先向けの商品を製造しているラインが中核事業となるでしょう。複数の店舗を経営する商店であれば、その中で最も重要な旗艦店の営業が

中核事業となるでしょう。また、中核事業は常に一定ではなく、時期によって入れ替わっていくこともあり得ます。

例えば建設業やシステム開発会社などの受託会社であれば、仕掛かり中の案件が常に中核事業で、納品と受注のたびに中核事業が入れ替わっていくということが想定されます。洋菓子店であれば、2月はチョコレートの製造が、3月はクッキーの製造が、5月は母の日ギフトの製造が、秋口にはハロウィン用キャンディの製造が、そして12月はクリスマスケーキの製造が中核事業になるということも考えられます。

また数〜十数名で経営しているような零細企業の場合、「中核事業も何も、うちは1個しかサービスがないよ」とか「家の1階でやってる店舗が全てだよ」という場合もあるかと思います。事実として仕事が1つしかないのであれば、もうそれを中核事業と呼んで構いません。しかし、実際に中核事業の分析をしてみると、1つに見えたサービスが分割できたり、店舗は1つですが気付かないうちに複数の事業に取り組んでいたりする場合があります。

何をもって重要なのかという考え方はさまざまあり、単に売上が大きい事業のことであったり、取引先との関係上外せない事業であったり、自社の経営理念上欠かせない事業であったりと、定め方はいろいろ存在します。しかし、経営者に「御社の中核事業はどれですか？」と聞くと、多くの場合は「むろん全部」とか「優先順位なんて付けられない」「わが社に不要な業務など存在しない」というお話をよく聞きます。そこで、中核事業を考える際には、「一番重要なのはどれか？」ではなく、「全ての事業が停止したとして、回復させたい順番はどうか？」という考え方をした方が整理しやすくなります。BCPが必要になる事態というのは、平時とは異なる緊急事態です。仮に向こう1週間にわたって、従業員が普段の1割しか出勤できなくなったとして（別に2割でも3割でもよいのですが、要するに少数の経営資源しか使えないとした場合です）、どういう順番で仕事を始めさせるかということを考え、その1番目に該当する事業を「中核事業」として定めるイメージです。

作業11 ｜ 中核事業の設定

用いるワークシート・資料
　◆様式10：事業中断による影響度分析シート（P.113）

作業手順
- ▶自社事業をリストアップする
- ▶自社事業を評価するための軸を定める
- ▶事業が一定時間停止したと仮定して、影響度を想定する
- ▶影響度の大きい事業を中核事業として定めるかどうか、議論する

POINT　「中核事業の設定」は本当に必要か

　大企業の場合は営んでいる事業や取引先が多岐にわたるため、定量的な分析を行って、客観的に事業の優先順位付けを行う必要があります。関係者も多数いるため、ある程度万人を納得させられる基準で中核事業を選び出さなくてはならないためです。しかし中小企業の場合、事業といっても主力事業が売上の9割を占めるというケースや、大口の取引先に大部分を依存しているというケースは珍しくありません。このような場合は、「高度な経営判断」に基づき社長の「エイヤ！」という掛け声で中核事業を設定してもよいのです。この場合中核事業の設定という作業項目はスキップして構いません。

　中核事業を特定する方法はさまざまですが、法律や国際規格などで定められた公的な手法はありませんので、行いやすい方法で定めて構いません。BCP担当者が経営者自身であり自社の内情を全て把握しているような中小企業の場合は、「うちの中核事業はこれ！」と決めてしまうこともできるでしょうし、おそらくはそれが一番早くて確実な方法です。しかし、BCP担当者が従業員であったり、主力事業が複数あったりするような場合は、何かしらの手法で中核事業を定めなくてはなりません。中核事業を特定するための1つの手法として、

様式10. 事業中断による影響度分析シート

事業停止期間		3日							

項目は、以下適宜追加 →

		収益への影響（売上・利益）	資金繰りへの影響（キャッシュフロー）	競合への影響（マーケットシェア）	信頼性への影響（自社ブランドへの影響）	契約／SLAへの影響（取引先や親会社との関係）	法令・条例への影響	雇用／社会への影響（地域への影響）	合計・評価
事業A		3	3	3	3	3	1	3	19
事業B	店舗α	5	5	3	3	3	1	3	23
	店舗β	3	3	5	5	3	1	3	23
事業C	甲社向け	1	1	1	3	5	5	1	17
	乙社向け	3	3	1	3	5	5	1	19
	影響度合い：	大（5点）		中（3点）		小（1点）			

事業は、以下適宜追加 ↓

様式10のワークシートを参照してください。

このワークシートは、自社における中核事業が何であるかを客観的な視点で定めたいときに用います。

まず、表の縦軸に自社が行っている事業を全て書き出していきます。小規模な会社は事業が1つしかない場合も多いため、店舗が複数あれば各店舗名を、製造している商品が複数あれば主要な商品名を、また主要な取引先が複数あれば取引先名を書き出すという形で事業を細分化していきます。表の横軸には、中核事業を評価するための視点を書き出していきます。評価軸は会社によってさまざまですが、例として次のような項目が考えられます。

- 収益への影響（売上・利益）
- 資金繰りへの影響（キャッシュフロー）
- 競合への影響（マーケットシェア）
- 信頼性への影響（自社ブランドへの影響）
- 契約／SLA（Service Level Agreement：サービスレベル契約）への影響（取引先や親会社との関係）

- 法令・条例への影響
- 雇用／社会への影響（地域への影響）

　次に、ワークシートの一番上「事業停止期間」に、事業を停止させる期間を記載します。期間の決め方は特にありませんが、インフラ・金融・病院など中断が許されない業種の場合は数時間程度、商店やサービス業の場合は１日程度、製造業などの設備産業の場合は数日程度が適当です。なお、この停止期間を複数定めて、例えば12時間・１日間・３日間と３枚のワークシートを用いると、時間の経過と共に中核事業に与える影響がどう変化するかが分かります。

　事業停止期間を定めたら、仮にこの期間、縦軸に記載した各事業が停止してしまったとして、横軸に記載した評価軸の項目について、どのような悪影響を及ぼすかを相対的な評価として記載していきます。事業停止による影響が大きい場合は５点、中程度の場合は３点、ほとんど影響がないと思われる場合は１点という具合です。ここで定めるのはあくまでも「どの事業を優先するか」という自社内での選択になりますので、評価数字は絶対評価ではなく、各事業を比較しての相対評価で構いません。

　評価数字を全て埋めたら事業ごとに合計点を求めます。つまり、この合計点が高いほど緊急時に事業が停止した場合の影響が大きい、すなわち中核事業となります。もちろん、すんなりとは決まらない場合もありますので、この結果を基に議論して中核事業を特定してください。

作業12
重要業務の洗い出し

　中核事業を定めたら、次に、中核事業を構成する重要業務の洗い出しを行います。経営資源の特定の目的は、事業を継続するために必要なものを洗い出し、物理的な防災計画・再調達計画を立てられるようにすることですが、「事業」は概念にすぎないため、このままではまだ守ることができません。そのため、もう少し細かな単位、すなわち「業務」に分解する必要があります。

　個人事業主なり家族経営の店舗であれば、BCP担当者が会社の全業

務を把握しているでしょうが、大企業とはいわずとも数名規模の企業になると、もう他人の仕事、他の部署の仕事は分かりません。しかし、BCPは非常時に備えた計画ですから、抜け漏れがないように準備しておかなければならず、いざ非常事態を迎えた際に、「しまった、あの業務を忘れていた」ということが生じては大変です。事前に守るべき対象としていない業務についてはBCPの守備範囲外となり、事業再開のネックになりかねませんから、業務の洗い出しは抜け漏れなく徹底的にやっておく必要があります。

そのためには、業務を担当している現場の責任者の協力を仰ぐことが必要です。BCPが全社プロジェクトであるといわれるゆえんはまさにここにあります。BCP担当者だけでは細かい業務が分からず、想像で作ってしまえば本番で役に立たないものになりかねません。BCP策定プロジェクトの定例会議メンバーに各部署の責任者を参加させれば、ある程度の業務概要は把握できますが、抜け漏れなく全ての手順を書き出すことは難しいでしょう。現場担当者しか知らない業務手順や流れというものが必ず存在し、緊急時にはそうした現場視点の対応が必須になるためです。そのため、ある程度の規模の会社の場合は、定例会議を開いてその場で業務の流れ全てを把握するのではなく、調査用紙やアンケート用紙を配布し宿題として持ち帰らせ、現場でも記入してもらってから、再度会議を開くことが必要となります。

作業12 | 重要業務の洗い出し

用いるワークシート・資料
　◆様式11：重要業務の洗い出しシート（P.116）

作業手順　▶中核事業を構成する重要業務をリストアップする
　　　　　　▶フローチャートや一覧表にして抜け漏れをなくしていく

様式11．重要業務の洗い出しシート（ネットショップの例）

順番	業務名	IN ※開始の合図	処理 ※行うこと	OUT ※次への合図	次の業務
業務1	受注業務	ECシステムが、顧客からの注文を、自動的に受ける。	ECシステムが、注文受理の電子メールを、自動的に顧客へ送信する。	ECシステムが、注文受理の電子メールを、自動的にBCCで担当者へ送信する。	業務2・3
業務2	在庫確認	担当者が、注文受理メールを、PCのメーラーで確認する。	担当者が、ECシステムで注文票を印刷し、注文商品の在庫の確認を行う。	在庫があれば担当者がECシステムの顧客状況を「在庫確認済」に変更し、注文確定メールを送信する。	業務4
業務3	入金確認	毎日10時と14時のルーチン作業。	担当者が、銀行のオンラインバンキングで入金情報を確認する。	担当者がECシステムの顧客状況を「発送予約」に変更し、入金確認メールを顧客に送信する。	業務4
業務4	梱包対応	毎日12時と16時のルーチン作業。	担当者が、ECシステムで発送予約になっている商品を箱詰めし、宛名ラベルに住所を書き商品箱に貼る。	担当者が、ECシステムの顧客状況を「出荷準備完了」に変更し、商品箱を商品置き場に移動させる。	業務5
業務5	出荷対応	配送業者が、毎日14時と18時に来る。	配送業者が、商品置き場に置いてある商品箱を持って行く。	担当者が、出荷伝票を伝票置き場に置き、ECシステムの顧客状況を「出荷完了」に変更する。	

様式11は、ネットショップにおける受注から出荷までの業務を洗い出すための作業のサンプルとしています。基本的に、業務は単体で存在することはなく、前の工程から何かを受け取り（Input）、自分の工程で処理をして（Process）、後の工程に何かを渡す（Output）ことで連続的につながっています。ルーチン業務などでは前工程が「○○時になったら」とか「毎朝まず最初に」となっている場合もありますが、全ての業務が独立していることはなく、事業を構成する業務は前後のつながりを持っています。そのため、業務の洗い出しを行う際には、このワークシートのように「IN」→「処理」→「OUT」を連続させることで業務の抜け漏れを防いだり、業務をフローチャートに書き出したりと、事業を構成する事業全体の姿を描きながらリストアップしていくとスムーズに進みます。

　ただし、BCPは業務マニュアルを作ることが目的ではありません。もちろん、BCPの一環としてマニュアルを作成する場合もありますが、BCPでは、その事業を行うためにはどんな業務が必要かが分かれば十分ですので、機械の使い方やソフトの立ち上げ方について1から10まで解説する必要はありません。また、平時と異なりBCPが必要な緊急事態には、できることも使えるものも限られています。そのため、その事業を遂行するために平時に行っていること全てをBCPで守る対象にはせず、最低限必要な業務、具体的にいえば「目標復旧水準」を満たすレベルの業務が何であるかを洗い出します。例えば製造機械の点検であるとか、店舗の清掃、倉庫の棚卸しなど、平時であれば必要であっても非常時には省略することができる業務はBCPの対象外とします。

　BCPにおける業務の洗い出しは、定めた中核事業を目標復旧水準で目標復旧時間以内に再開させるために、最低限どの業務を復旧させなければならないかを定めることです。ここで選ばれた業務を「重要業務」と呼び、緊急事態における継続方法を検討していくことになります。重要業務の洗い出しが完了したら、次に、「仮復旧」を行う際に最低限どの業務を再開させるか、いつまでに再開させるかということを定める作業を行います。

作業13
目標復旧水準・目標復旧時間の設定

　重要業務の洗い出しができたら、ピックアップした業務に対して「目標復旧水準」と「目標復旧時間」を設定していきます。緊急事態が生じて事業が中断した際に業務の仮復旧を行いますが、非常事態においては業務に投入できる「ヒト」も、動かすことができる「設備や機材」も、閲覧可能な「情報」も、仕入れることができる「商品や材料」も、利用できる「外部サービス」も、また「資金」にも限りがありますので、いきなり平時と同じ操業度100％で業務を再開させることは基本的にできません。

　そこで、段階を踏んで少しずつ業務を再開させていくことになりますが、「準備ができた業務から順次再開よろしくね」としてしまうと、本当に必要な業務は一向に再開されず、どうでもよい（とは言いませんが）業務ばかり開始のめどがつくという状況にもなりかねません。そこで、まずどの業務から再開させるかを定めるため、そもそもの仮復旧の水準である目標復旧水準を定めます。

作業13 ｜ 目標復旧水準・目標復旧時間の設定

用いるワークシート・資料
　◆様式12：事業中断の期間別影響度分析シート（P.120）
　◆様式13：中核事業カード（P.123）
　◆様式14：重要業務カード（P.124）

作業手順　▶事業中断時の影響度分析ワークシートを作成する
　　　　　　▶目標復旧水準の設定を行う
　　　　　　▶目標復旧時間の設定を行う
　　　　　　▶中核事業カードを作成してここまで実施した内容を記述する
　　　　　　▶重要業務カードを作成してここまで実施した内容を記述する

目標復旧水準

　目標復旧水準は、各種のガイドラインやテンプレートでは「目標復旧レベル（RLO：Recovery Level Objective）」と呼称されることが多い用語です。業務を再開させるに当たって、例えば生産量を30％→50％→80％と徐々に増加させていったり、30％では出荷だけ、50％では梱包と出荷まで、80％で商品の仕入れから再開させていくというように、当初は生産量なり実施する業務を絞って再開させ、徐々に業務の操業水準を高めていくことを考えます。「中核事業」を構成する「重要業務」それぞれについて、仮復旧の段階に応じてどの業務をどのくらいのレベルで再開させるのかを定めるのが「目標復旧水準」の設定です。

目標復旧時間

「目標復旧時間（RTO：Recovery Time Objective）」は、緊急時に停止した事業を再開させるに当たり、各目標復旧水準の業務をいつまでに再開させるかを定めた目標です。例えば、生産量10％での操業を1日以内に開始、生産量50％での操業を1週間以内に開始、そして生産量80％の回復は1カ月以内に開始というように目標を定めたり、操業度10％の「駐車場で缶詰だけの販売」業務は2時間以内、操業度50％の「懐中電灯とランタンで店舗内販売」業務は3日以内、操業度80％で行う「仕入れの再開」は2週間以内に実施したりというように目標復旧時間を定めていきます。

　なお、現段階で定める目標復旧水準・目標復旧時間はあくまでも仮のものです。この目標が妥当であるかどうか、現実的であるかどうかについては、この後、第5章「災害リスク評価」、第6章「個別対策計画」などで検証し、修正していくことになりますので、現時点においては理想論としての目標を立ててしまって問題ありません。現時点で、「電気が止まったとしたら復旧に1週間かかるから、目標復旧時間も最短で1週間だな」と現実的な判断を下す必要はなく、あくまでも事業継続の観点でのみ目標を設定して構いません。そうすることで、目標達成のためにどのような準備をすればよいのかという議論をすることができます。

　なお、ここまでの例に漏れず、目標復旧水準と目標復旧時間も、悩まずに決めてしまえるのであればそれでも構いません。

POINT 目標復旧水準・目標復旧時間の設定方法

　　初めて目標復旧水準と目標復旧時間を定める際には、現実的な復旧予測ではなく経営的な都合で目標を定めることが重要です。BCPは特定の災害に対する対策ではなく、不特定多数の災害や想定外の事態に対応することが求められますので、特定の事態を想定して目標を定めてしまってはBCPの価値が発揮されません。「大地震が起こったら3日以内の復旧は無理だろう」と決め付けるのではなく、「3日以内に最低限の復旧をするためには何をすべきか」を徹底的に考えることがBCPの重要な作業です。第6章「個別対策計画」において目標復旧時間内での復旧が難しいとなった場合、同業他社の協力を仰ぐ計画にするとか、事業所を一時移転する計画にするとか、中核事業自体を見直すといった対応もあり得ます。この段階では、これらの対策を考える際の目安とするため、理想論での目標値を求めることが重要なのです。

様式12. 事業中断の期間別影響度分析シート

事業名	ネットショップ事業					
事業中断の期間	半日	1日	3日	1週間	2週間	目標
仕入業務	小	小	小	小	中	2週間以内
受注業務	小	中	中	大	大	5日以内
在庫確認	小	中	中	大	大	5日以内
入金確認	小	中	中	大	大	5日以内
梱包対応	小	中	大	大	大	2日以内
出荷対応	小	中	大	大	大	2日以内
影響度合い： 大　中　小						

目標復旧水準・復旧時間を定める

　表の縦軸には、定めた中核事業の業務を記載していきます。必ずしも実施する順番になっていなくても構いません。表の横軸には、「各業務がどのくらい停止したら」を仮定するために時間を書き入れます。時間の幅は業種によります。業務停止が許されない事業であれば数秒から数時間単位で、ある程度許容される事業であれば数日から数カ月単位で記載して構いません。

　縦軸と横軸を定めたら、表の中身を埋めていきます。縦軸の各業務が、横軸の時間だけ停止した場合、どのくらいの影響が出そうかということを検討して記載し、その業務を再開させなければならない目標時間を定めます。例えば、サンプルである様式12の仕入れ業務であれば「2週間程度は既存在庫で耐えられるのでそこまでは『影響度小』、それ以降は『影響度中』なので目標は『2週間以内』とする」とか、出荷対応であれば「丸1日出荷が止まるとクレームが入り始めるので『中』、3日間出荷が止まると返金対応などを始めなければならないので『大』、目標は『2日以内』に出荷を再開する」というように表を埋めていきます。

　さらに丁寧に実施したい場合は、中核事業の設定で使用した「様式10：事業中断による影響度分析シート（P.113）」を用います。様式10では「中核事業」についてさまざまな評価軸を用いた事業停止時の影響を検討しましたが、縦軸に中核事業の代わりとして重要業務を記載し、横軸は同じような評価軸で業務停止の影響を検討します。さらに「事業中断の期間」分だけシートをコピーして、異なる事業停止期間について評価を繰り返し、合計点数を出します。最後に、様式12に戻り、「大」「中」「小」の評価の代わりに様式10で求めた合計点数を入れていけば、どのくらいの期間事業が停止すると悪影響が大きくなるのか、いつまでに業務を再開させなければならないのかということについて、かなり詳細に分析することができます。

　この分析により、全ての業務について目標復旧時間を定めることができたら、目標復旧時間が早い方からグルーピングすることによって、目標復旧水準を定めることができます。様式12の事例の場合、「梱包対応」と「出荷対応」の目標復旧時間が同じ2日以内ですので、これらが最初に再開させる業務で、便宜上「操業度30％水準」などと呼んでおけばよいでしょう。次に「受注業務」「在

庫確認」「入金確認」の目標復旧時間が同じ5日以内ですので、次に再開させる業務はこの3つになり、やはり便宜上「操業度50%水準」などと呼べばよいでしょう。そして最後に、「仕入れ業務」の目標復旧時間が2週間以内ですので、これを最後に仮復旧させる業務と位置付けて、便宜上「操業度80%水準」とすれば、目標が全て定まります。

　ちなみに、なぜ仕入れを再開させた段階で操業度を100%水準にしないのかといえば、ここに並んでいる業務はすでに緊急時に最低限必要な「重要業務」に絞っており、仕入れまでを再開させたとしても、重要業務にしなかった他の業務、例えば「棚卸し」とか「倉庫の清掃」「月次経理」といったものが残っているからです。仮復旧の段階では操業度80%の仕入れ業務までを再開させ、ここまでが落ち着いたら仮復旧段階は終了、おそらくBCP発動（＝非常事態宣言）の状態も解除し、以降は本格復旧として平常業務と並行して、残りの業務の再開を行い、操業度を100%まで引き上げることになります。

個別対策計画の準備をする

　目標復旧水準・目標復旧時間が定まったら、この後、具体的な個別防災対策・再調達計画を行えるように準備をします。定めた中核事業と重要業務を個別に様式13、14に記載して対策や管理を行いやすいように整理するのです。

　中核事業カードは、緊急時対応マニュアルにおける仮復旧の項目の表紙となります。BCPの種類を増やしていく場合には、この中核事業カードを新たに作成し、この中核事業にひも付く重要業務カード、経営資源カードを追加していく形となります。中核事業カードには、各目標復旧水準、仮復旧の操業度別に入力欄を設けます。各入力欄には、その水準の業務の目標復旧時間と、その水準で行う業務内容、具体的な状況や復旧時に行うべき対応内容を記載しておき、緊急事態が生じて仮復旧を行う際に、復旧の進め方の全体を眺められるようにしておきます。この中核事業カードを作成したら、次に個別のカードに業務の詳細内容を記載していきます。

様式13．中核事業カード

事業名	ネットショップ事業
災害リスク	広域災害全般

目標復旧水準	目標復旧時間	業務構成
30% ※既存注文分のみ出荷対応	2日以内 ※災害発生日の翌々営業日までに対応する	• 梱包対応 • 出荷対応
	• 全事業が停止した場合は、既存注文分かつ入金確認の連絡済み商品の出荷作業を回復させることを最優先とする。この場合、梱包は簡易でも構わない。○○運輸のサービスが停止している場合は計画に従い代替業者へ順次連絡を取ること。	
50% ※在庫分のみ営業対応	5日以内 ※災害発生日より1週間以内の再開をめどとする	上記に加えて、 • 入金確認 • 在庫確認 • 受注業務 ＋顧客サポート業務
	• 出荷に関する社内業務と○○運輸の稼働、および店舗ウェブサイトの正常動作が確認できた段階で、次の復旧レベルへ移行させる。50％段階においては、在庫商品のみを扱った通常営業の再開を目標にする。再開のめどが立った段階でウェブサイトへお知らせを出し、流通が耐えられるようであれば、在庫商品のみを用いて復旧応援セールの実施を検討する。	
80% ※既存注文分のみ出荷対応	2週間以内	上記に加えて • 仕入れ業務

様式14．重要業務カード

事業名	ネットショップ事業
業務名	No.2：在庫確認
目標復旧水準	50％水準（在庫分のみ営業対応時）
目標復旧時間	1週間以内（災害発生日の翌週）

← 前の業務「No.1：受注業務」		「No.4：梱包対応」次の業務 →	
業務構成	入力	処理	出力
通常時構成	担当者が、注文受理メールを、PCのメーラーで確認する。	担当者が、ECシステムで注文票を印刷し、注文商品の在庫の確認を行う。	在庫があれば担当者がECシステムの顧客状況を「在庫確認済」に変更し、注文確定メールを顧客に送信する。
緊急時構成	通常のPCが使えない場合は代替機を使う。メール確認だけならばスマートフォンでの代替も可。それ以外は通常通り。	注文票の印刷ができない場合は手書きメモを代わりに用いる。在庫がない場合はキャンセル通知をする。	緊急時対応リストを作成して、手書きで顧客のステータスを変更する。リストは入り口前に貼り出して全員で共有する。
経営資源			
通常時	<ul><li>EC担当者1名</li><li>インターネットアクセス可能なPC1台</li><li>ECシステム</li><li>印刷をするための複合機1台（紙・トナーなど一式）</li><li>印刷をした注文確認票</li><li>商品置き場</li></ul>		
緊急時	<ul><li>EC担当者1名（マニュアル業務を遂行できる代替人員1名）</li><li>メール閲覧が可能な何かしらの端末1台</li><li>ECシステムへのアクセスが可能な何かしらの端末1台</li><li>紙の印刷が可能な機材、なければレポート用紙とペン</li><li>状況確認用の模造紙・付箋紙、なければコピー用紙で代替</li></ul>		

重要業務カードは、中核事業を構成する重要業務の数だけ作成します。1つの業務につき1枚のカードを用意し、通常業務の流れ、緊急時の代替業務や手作業で実施する際の流れ、業務に使う経営資源を平常時・緊急時に分けて記載していきます。緊急時に仮復旧を行う際には、この重要業務カードの単位で作業を行い、復旧の手順書として用いることになりますので、ある程度詳細にまとめておくようにしましょう。

> **POINT** 中核事業・重要業務・経営資源の各カードについて
> 　なおこの作業時点で書き込めるのは「業務構成」の一部までで、緊急時対応の詳細や、手作業による代替業務検討内容、業務に用いる経営資源については、この後の作業で明らかになり次第書いていきます。中核事業カード、重要業務カード、そして経営資源カードの3枚が、BCPにおいて守るべき対象とその守り方を記載するワークシートになりますので、この後の作業でもたびたび登場して少しずつ内容を追記していき、最終的には緊急時対応マニュアルとしてファイルにとじることになります。

作業14　経営資源の特定

　中核事業を設定し、それを構成する重要業務を絞り込み、目標復旧水準と目標復旧時間を定めたら、いよいよ「経営資源の特定（BIA：事業影響度分析）」の最終段階、経営資源の洗い出しを行います。事業を守るとはつまり経営資源を守ることですので、この洗い出しがきちんとできるかどうかによって、緊急時に機能するBCPになるかが左右されます。

　重要業務ごとにどんな設備や機材、材料や在庫、人手や情報が必要になるのか、細かくリストアップします。必要な項目に加えて、どの程度の量が必要なのかも示しておきましょう。かなり膨大な量の経営資源が出てくるはずです。個人事業主でパソコン1台あれば仕事ができるという場合はともかく、会社組織として業務を行うためにはさま

ざまな人手や道具が必要になりますが、非常時にそれらが失われてしまったら簡単には再調達できません。経営資源をきちんと守る、あるいは失われたとしても目標復旧時間以内に再調達なり代替処理ができれば、業務が実施でき、それはすなわち事業の再開を意味します。

作業14 | 経営資源の特定

用いるワークシート・資料

◆様式14：重要業務カード（P.124）
◆様式15：経営資源一覧表（P.128）
◆様式16：経営資源カード（P.131）

作業手順
▶各業務別に必要な経営資源をリストアップして経営資源一覧表を作成する
▶重要業務カードを用いて必要な経営資源に抜け漏れがないか確認する
▶経営資源カードを作成して内容を個別に記載する

POINT 経営資源の特定について

ここまでに実施した中核事業の設定、重要業務の洗い出しは、小規模な企業など、詳細分析をするまでもなく結果が明らかな場合、経営者の「エイヤ！」という掛け声による「高度な経営判断」で内容を定めても構わないと説明しましたが、この経営資源の特定だけは企業の規模に関わらずある程度キッチリと作業を行うことが望ましいです。BCPで守る対象は、最終的にはここで定める経営資源が全てになるため、抜け漏れが生じてしまうと、一番肝心なときに肝心なものが足りないということが起こります。経営資源を守る（再調達する）ことがBCPの根幹ですから、この作業だけはリストを使って丁寧に行いましょう。

経営資源の特定は、BCPの対象としている重要業務において用いるものを、全てリストアップする形式で進めます。既存の資産台帳や備品一覧表のようなものがあれば、そうしたリストをベースにしても構いませんが、経営資源は設備や機材だけでなく、建物・ヒト・情報といった「内部資源」や、仕入れ・外部サービス・インフラといった「外部資源」、また資金・顧客の環境などの「共通資源」といったものまで幅広く考える必要がありますので、新しくBCP用のリストを作成した方が早く進みます。経営資源をリストアップするためのワークシートを次ページの様式15に示します。

　経営資源一覧表には、各業務で用いる経営資源を縦軸にひたすら記入していきます。また、横軸には中核事業を構成する業務を並べて、どの業務でどの経営資源を使うのか「○」「×」を付けていくと、リストアップの抜け漏れを防ぐことができます。リストアップを行う際には「様式14：重要業務カード」を併用して、経営資源一覧表に使うものを追加しながら、各業務カードにもその業務で用いる経営資源を転記していきます。この作業を各業務の現場担当者と一緒に行うか、アンケート形式で回答してもらうと、BCP担当者だけでは想像できない、実際に使う経営資源を抽出していくことができます。

　この様式では便宜上「内部資源」「外部資源」、さらに「共通資源」に分けて記載していますが、会社によって必要な経営資源の中身は異なりますから、あくまでも一例です。自社にとって分かりやすい分類の仕方をしましょう。なお、経営資源の洗い出しを行うに当たり、抜け漏れがないようにするために分かりやすく整理しているだけですので、分類の仕方は何でも構いませんから、そこに時間を割く必要はありません。

ヒトについて

　業務には人手が必要ですし、人さえいれば何かしらの業務を行うことができますから、まず、定めた重要業務にどんな人員が必要なのかをリストアップします。この際、操業度100％ではなく最小限の重要業務を遂行するために必要な人数をカウントします。また規模が大きい企業の場合は、「○○の技術を持った人員2名」とか「勤続○年以上の社員3名」とか、スキルで必要な人員を表すこともありますが、代替要員がいない小規模企業の場合は「○○さんと○

様式15. 経営資源一覧表

経営資源			ボトルネック	必要数	業務A	業務B	業務C
内部資源	人・従業員	社員	営業担当		-	○		
^	^	^	事務担当		-		○	
^	^	^	EC担当	○	-			○
^	^	^	…		-			
^	^	パート			-		○	○
^	建物・設備	建物	オフィス	○	-	○	○	○
^	^	^	倉庫		-			○
^	^	設備・機材	個人PC		5台	○	○	○
^	^	^	固定電話		3台	○	○	
^	^	^	複合機		1台	○	○	
^	^	消耗品	ファイル		50/日		○	
^	^	^	筆記用具		2組		○	
^	情報		サーバー	○	-		○	○
^	^		メールソフト	○	-	○	○	○
^	^		ECシステム	○	-		○	○
外部資源	仕入れ	商品・部品・原材料	商品A		別途			○
^	^	^	商品B		別途			○
^	外部サービス	流通	○○運輸	○	-			○
^	^	外注	○○ECアプリ会社		-		○	
^	^	IT	在庫管理クラウド	○	-	○	○	○
^	インフラ	電気	○○電力	○	-	○	○	○
^	^	ガス	○○ガス		-			
^	^	水道	○○水道		-		○	○
^	^	ネット	○○回線		-	○	○	○

○さん」「ダメなら○○さんが代替可能」というように、具体的な氏名となる場合もあります。

モノについて

　製造業であれば工作機械、小売業であればレジや店舗什器、流通業であれば車両やその燃料、サービス業であれば必要な道具、建設業であれば重機など、基本的にBCPで守る経営資源の大半はものに分類されます。もちろん、工場や店舗、オフィスといった建物もそうですし、業務に使うパソコンや電話機、複合機、文房具といった機材もものに含まれます。なお、BCPにおいて防災対策や再調達計画を立てる上での便宜上、ものの中でも「商品・原材料・建築資材」などの外から仕入れるものや、「電気・水道・ネット回線」といったインフラについては、「外部資源」と別の分類をして区別しています。「ヒト・モノ・情報」などの内部資源は自社の防災対策で守ることができますが、外部資源は防災対策で守ることができず、基本的には再調達をどうするかを考えることになるためです。

情報について

　情報も業務を行うためには欠かせません。経理情報、製品情報、設計図、取引先情報、在庫情報など、経営に必要な情報は多岐にわたり、これらが参照できなくなったり失ったりすると業務が停止するばかりか、情報によっては事業の存続自体が危うくなるものもあります。また金融サービスやシステム開発といった業種の場合は、情報そのものが商品となりますので、何よりも厳重に守らなくてはなりません。普段どのような情報を参照しながら業務を行う必要があるのか、きちんとリストアップしましょう。

外部経営資源

　前述の通り、自社内に物理的に存在しないものは外部資源として区別します。内部にあるものは防災対策を施すことで守ることができますので、防災と再調達の両方の計画を立てますが、外部にあるものはそれが100%子会社であるとか、同じオフィスで仕事をしているなどでなければ防災対策で守ることができない

ため、BCPにおいては失われることを前提とした再調達計画を立てて、外部資源を間接的に守るための準備を行うことになります。
　外部資源は、①商品・部品・原材料・資材・燃料など仕入れたり取引先から調達するもの、②流通サービス・アウトソーシング・士業や専門家業・メンテナンスなど社内には物理的に存在しないサービス全般、そして、③電気・ガス・水道・ネット回線・電話回線といったインフラなどに分けて、どの業務でどれを使用しているか確認していきます。なお、仕入れをする外部資源は、中に運び込んだ段階で「在庫」という内部資源に変化しますので、重複しますが内部資源と外部資源の両方に入れた方がよいでしょう。

⚑ 共通資源

　企業の活動はつまるところ、どうキャッシュを稼ぐかという活動に集約されますので、非常時の資金繰りはとても重要です。非常時に備えたお金の対策を「リスクファイナンス」と呼び、共通資源として計画しますが、BCPの範囲においては重要業務を遂行するために必要な金額、調達方法について考えておきます。設備の復旧に必要な資金、再度の仕入れのために必要な資金、業務停止期間の固定費を賄うための金額を求めておき、手元の資金でどこまで支払いが可能か、いくら調達する必要があるのかなどをまとめておきます。

⚑ 経営資源カード

　経営資源のリストアップを行いながら、経営資源1つにつき1枚のカードに内容を記入していきます。経営資源カードには、その経営資源の情報に加え、「本格復旧（新品調達）」の計画、「仮復旧（再調達）」の計画、「防災対策」の計画を書き込みます。また、再調達と防災の項目については、緊急時に備えて事前に行っておくべきことと、緊急時にその経営資源を守るためにしなくてはならないことがあれば、それらをまとめて記載します。
　基本的な項目については、「経営資源の特定」作業を行いながら記載しますが、本格復旧の項目については「作業15：経営資源が失われた場合の影響想定（P.137）」、再調達と防災の項目については第6章「個別対策計画」にて計画を定め、経営資源カードに記載します。

様式16．経営資源カード

名称	個人用PC		ボトルネック	×
対象業務	No.1：受注業務、No.2：在庫確認、No.3：入金確認、No.4：梱包対応			
所属事業	ネットショップ事業			
目標復旧時間	最短2日（30％業務水準・在庫のみ梱包・出荷対応時）			
主担当者	○○一郎			
再調達費用	68,000円／1台（○○電気店見積もり）			
本格復旧	調達時間	・○○電気店：注文から2週間 ・○○ネット販売：注文から1週間 ※再セットアップに4時間は必要		
	調達方法	・○○電気店の○○さんに発注する。 ※別途添付している見積書を渡せば話が通じる ・○○ネット販売から申し込む。ID/PWは別紙。		
仮復旧	事前対応	・セットアップを短縮するために、必要なアプリケーションを社内サーバーとクラウドサーバーにまとめておき、順番にインストールできるようにしておく。 ・電源ケーブルの予備をPC保管庫と情シス担当者の緊急持ち出し袋に入れておく。		
	緊急時対応 （本番）	・社内で無事だったPCを用いて仮業務を行う。その際に必要なアプリケーションは以下の通り。 ・・・		
防災対策	事前対応	・就業時間以外はPC保管庫で保管するようにする。 ※外部モニターを使っている場合はジェルマットで机に固定しておくこと		
	緊急時対応 （本番）	・個人用PCは避難時に緊急持ち出し袋に入れて持ち出すこと。電源コードを忘れないようにする。		

☞「経営資源の特定」は中小企業の場合にどう考えるか

　BCPのガイドラインや書籍によっては、経営資源の特定（BIA：事業影響度分析）こそBCPのコアであり、最も重要だが難しく時間がかかる項目なので気合いを入れて実施するようにと指示することがよくあります。これは事実ですが、BIAのゴールは最も重要な事業に必要な経営資源を全てリストアップすることであり、事前準備がなくとも作業ができるのであれば小難しい分析などは行わず、いきなり必要な経営資源のリストを作り出しても構いません。

　BCPで重要なのは個別防災対策、再調達計画、緊急時フローの3点を定めることであり、つまり緊急事態が生じた際の対策をまとめることです。BIAは確かに重要ですが、これら本当に大切なプランをまとめるための前座にすぎませんので、あまり完璧なものを作ろうと時間をかけすぎないようにしましょう。

☞「経営資源の特定」を経営改善に生かすポイント

　中核事業の設定は経営戦略の見直しと作業が同じであるため、経営革新に役立ちます。また、重要業務の洗い出しや経営資源のリストアップは、業務の無駄を探し効率化を行う作業として役立ちます。目標復旧水準や目標復旧時間は取引先とも話をしながら定める必要があるため、コミュニケーションを深めるためのきっかけとなります。

　BIAの実施による経営改善効果の具体例を挙げると、例えば次のように整理することができます。

①中核事業の特定

　自社の事業に優先順位を付ける際には、いわゆる事業分析を行い、自社の強みと弱み、市場や競合の状況などから優先順位を定め、さまざまな角度から自社の事業に関する評価を行う必要があります。重要な事業に事前の防災投資や、緊急時に割り当てる経営資源を集中させることになりますが、この選択と集中は緊急時に特有のものではなく、平時においても有効なものです。BIAで定める中核事業は、平時から投資を集中すべき注力事業ともいえますので、緊急時への備えを行いながら攻めの経営戦略を定めることができるのです。

②重要業務・経営資源の特定

　緊急時に最低限維持すべき業務と経営資源を洗い出すには、事業を構成する業務全体、現場で行っている作業全体を洗い出す必要があります。この際、現場担当者だけにピックアップさせるのではなく、現場の責任者、経営者、またBCP担当者も改めて業務や設備の一覧を確認し、それぞれの業務の目的、連続性を確認し直すことが重要です。すると、現場では当たり前の業務が実は不要なものであるとか、より効率的な方法に置き換えられそうであるとか、費用対効果の悪い業務や設備が浮かび上がってきます。BIAで行う業務の洗い出しは、不必要な業務や設備の整理、人材配置の最適化や外注化を促進することにつながります。

☞「経営資源の特定」の用語解説・一般的な手法

　大企業のように事業が複数ある場合は重要項目としてまず最初に実施されますが、中小企業庁のガイドライン（中小企業BCP策定運用指針）などにおいてはBIAという名称の作業は行われず、その代わりにボトルネック経営資源の抽出という呼び方がされます。また手順そのものについては省略される場合も多いため、本書の手順に従って実施してみてください。

☞「経営資源の特定」の次に行う項目

　BIAを実施して経営資源の特定をしたら、それらの経営資源を具体的に守るための対策を立てるに当たって、どこから着手するか、どの経営資源を優先するかという順位付けの作業である「災害リスク評価」を実施します。

5章 災害リスク評価
～リスクアセスメント (Risk Assessment)～

BCPで経営資源を守るための個別防災対策と再調達計画を立てるに当たり、その優先順位を付けるために災害リスク評価を実施します。失われると再調達が難しい経営資源、災害リスクに弱い経営資源を特定します。

↻「災害リスク評価」を実施する目的

　災害リスク評価を行う目的は、「ボトルネック経営資源」を定めることです。個別防災対策や再調達計画は、会社によってはそれなりの費用と期間をかけて実施する必要があるため、優先順位を定める必要があります。災害リスク評価を行うと、特に災害に弱い経営資源や、万が一失ってしまった場合に再調達に時間がかかる経営資源を特定できるため、自社の弱点から順番に効率よく対策を講じられるようになります。

↻「災害リスク評価」を実施しない場合のデメリット

　災害リスク評価を行わない場合、個別防災対策や再調達計画など、経営資源を具体的に守るための準備を実施する順番が定まらず、優先度の低いものから対策に着手してしまう可能性が高まります。また、保守・運用の際にもあらゆる経営資源を全力で守ることになるため、運用コストが増大します。

↻「災害リスク評価」を実施する場合のメリット

　災害リスク評価を実施すると、中核事業における弱点であるボトルネック経

営資源が判明します。BCPにおける個別防災対策や再調達計画で対応しなければならない箇所が多い場合は、まずボトルネック経営資源から着手したり、緊急事態においてもここから復旧を行うように計画すれば、事前の準備も本番の体制整備も効率的に実施することができます。

◐「災害リスク評価」の本質や意味は何か

　事業規模が小さく守るべき経営資源が少ない場合や、ボトルネックとなり得る経営資源が検討の余地もなく明らかな場合は、わざわざ災害リスク評価という作業を行う必要はありません。しかし、経営資源の量が少ないなりにも、どこから対応するか、どの対応を重視して運用するかという当たりを付けておくことには意味がありますので、この作業が無駄になることはありません。

◐「災害リスク評価」はいつ実施するのか

　第2章「災害リスクの想定」と第4章「経営資源の特定」を完了させると着手できます。経営資源をリストにして、再調達にどのくらいの時間がかかるのかを検討したり、想定した災害リスクが生じた際に被害を受けやすいのはどれかを探したりすることになります。

◐「災害リスク評価」は誰が行うのか

　第4章「経営資源の特定」と同様に、BCP担当者だけでは実施できず、現場担当者の意見を聞きながら行う必要があります。経営資源ごとに復旧にかかる時間を想定したり、災害による影響が生じた場合に被害が出るかどうかを想定したりする必要があるからです。BCP担当者は記入用のシートなどを作成し、それを現場担当者に見せながら情報を集めましょう。

◐「災害リスク評価」に費用はどの程度かかるのか

　災害リスク評価は机上分析ですので、基本的にコストは不要です。ただし第4章「経営資源の特定」と同様に、幅広い部署の担当者にヒアリングをしながら進める必要がありますので、ある程度の社内コストは必要となります。

↻「災害リスク評価」の期間はどの程度必要か

　物理的な対策を講じる項目ではないため、数カ月の時間がかかる作業ではありません。しかし、この作業で定めたボトルネック経営資源はBCP全体において重点対策をする項目になるため、各部署にヒアリングをしなければならないような項目については、担当者がつかまらないからといって適当に行わず、きちんと現場の意見を反映させるようにしましょう。

「災害リスク評価」の進め方

　災害リスク評価・リスクアセスメントは、事業継続に必要な経営資源を守るための対策を考えるに当たり、防災対策がよいのか、再調達計画がよいのか、また、どこから手を付ければよいのかという、個別対策のための準備を行うことを目的に実施します。ヒト・モノ・情報・仕入れ・サービス・インフラの各経営資源について、どれから、どんな対策を施せばよいのかということを明らかにした一覧表を策定することがゴールとなります。

　まず最初に、経営資源が何らかの理由で失われた場合、平時にそれを再調達するための時間をそれぞれ算出し、再調達することが大変なもの、仮復旧時のボトルネックになりそうな経営資源を特定します。経営資源が失われる理由はさまざまですので、特定の災害を想定するべきではありません。また、その経営資源が失われた場合、どのくらいの時間で再調達（本格復旧）が可能であるかどうかを調べ、もしその再調達時間が、目標復旧時間よりも長い場合には、その経営資源を防災対策で守るなり、予備を用意するなり、新品を再調達する以外の準備を行っておかなくてはなりません。このようなボトルネック経営資源を見つけ出すことが目的となります。

　次に、経営資源を災害リスクから物理的に守るための防災対策の必要性について確認します。自社が見舞われる恐れのある災害に遭遇した場合、各経営資源にどのような影響が出そうかを想定し、優先的に防災対策を行うべき対象を定めることが目的です。

　防災対策は確かに重要で、災害リスクが生じても防災対策がうまくいけば経営資源は守られ、BCPを発動（＝非常事態宣言）させなくても緊急事態をやり

過ごすことができるかもしれません。しかし、自然災害・自然災害以外の災害リスクともに、想定していなかった被害が生じる可能性があったり、そもそも想定していなかった新たな災害リスクが生じたりする場合もあります。さらに、防災対策を施していても、それに失敗して経営資源が失われる可能性もあるため、BCPにおいては基本的に、経営資源が失われることを前提とした対策を立てることが必要となります。

　最後に、以上2つの作業で求めた指標に基づき、経営資源に対して行う個別対策（防災・再調達）の適用範囲と優先順位を定めます。個別対策の中には物理的な対策にコストが生じるものも多く、例えば建物や機材の耐震化工事などを実施する場合には数年単位での投資が必要となることもあります。そのため、災害に弱くかつ再調達に手間がかかるボトルネック経営資源を特定し、そこから対策を講じていくことで効率的に個別対策を行うことが求められます。

作業15
経営資源が失われた場合の影響想定

　何らかの原因で経営資源が失われた場合に、どのような影響が出るかを調べます。防災対策は特定の災害を対象に考えますが、BCPの場合は「あらゆる災害リスク」に襲われたとしても事業を継続するための対策を講じる必要があるため、ここでは特定の災害リスクを定めず、「原因はともかく、この経営資源がなくなったらどうなるのか」という観点で調査します。

　調査項目は2つです。1つは再調達時間、もう1つは手作業による代替の可能性です。

　再調達時間は、ある経営資源が失われたとして、それを直したり新品を購入したりという再調達を行う場合にどの程度の時間がかかるのかを調べます。再調達は緊急時ではなく平時に行うことと仮定します。緊急時の想定は災害の状況などが明らかにならないと立てられないため、普段であればどのくらいの時間で再調達できるのかを調べておきます。「作業13：目標復旧水準・目標復旧時間の設定（P.118）」において、業務をどのくらいの期間で再開させなければならないかを想定

しましたが、平時の再調達時間がこの目標復旧時間よりも長い場合は、その経営資源が失われると絶対に目標復旧時間以内の事業再開ができないことになりますので、こうした経営資源を「ボトルネック経営資源」と定義して、失われないように万全の防災対策を施したり、予備機を確保したり、協力会社から融通できるようにしておいたりという対策が必須となります。

　手作業による代替の可能性は、仮にその経営資源だけが失われたと仮定した際に、手作業なり他の経営資源を代用して業務を継続できるかどうかを検討することです。具体的な方法についてはこの後の作業で考えますので、ここでは単純に「手作業・代替」が「できる・できない」を想定すれば十分です。もし手作業なり他の手段での代替ができない経営資源は、やはりこれが失われると事業再開に致命的な影響を及ぼす可能性がありますので、「ボトルネック経営資源」と定義して対策を行う必要があります。

　BCPにおいては、再調達に時間がかかり、手作業による代替もできないような経営資源から優先して重点的に守ることが重要です。具体的作業内容は以下の通りです。

作業15｜経営資源が失われた場合の影響想定

用いるワークシート・資料
　◆様式17：経営資源の再調達時間・代替の可否（P.139）

作業手順　▶ワークシートの縦軸に、中核事業で必要な経営資源を全て書き出す
　　　　　　▶経営資源ごとに、それが失われた場合の再調達にかかる時間を想定する
　　　　　　▶経営資源ごとに、それが失われた際に手作業や他の代替品で業務を継続できるかどうかを検討する

様式17．経営資源の再調達時間・代替の可否

経営資源			再調達時間(本格復旧)		代替	
内部資源	人・従業員	営業部	90日	新規採用	○	配置転換
		共通スタッフ	90日	新規採用	○	配置転換
		A店舗スタッフ	60日	新規採用	○	配置転換・ヘルプ
	建物・設備	建物 本社	半年	建替・修繕	△	店舗で代替
		建物 A店舗	半年	建替・修繕	△	駐車場で代替
		設備・機材 PC	1週間	買い換え	○	予備機を利用
		設備・機材 複合機	5日	再リース	○	予備機を利用
		設備・機材 商品棚	1カ月	再発注	×	再購入
		消耗品	1日	購入	×	ストックなし

　第4章「経営資源の特定」で作成した「様式15：経営資源一覧表（P.128）」を改造して、様式17のワークシートを作成します。縦軸は経営資源一覧表と同じで、横軸に以下の通り調査して記入します。

↻ 再調達時間（本格復旧）

　各経営資源が失われた場合、その経営資源を再調達するのにどのくらいの時間が必要なのか、それぞれ検討して記載します。この場合の「失われる」とは、「従業員が退職」「建物が全壊」「機材が燃えてなくなる」「保存データを失う」「仕入れ先が倒産」「利用サービスが停止」というような事態を意味します。仮復旧の場合の目安時間ではなく、新品を購入するとか、ゼロからサービスの導入をし直したりするというような対応を想定した本格復旧を行うために必要な時間を算出します。この再調達時間を求める際には、「様式16：経営資源カード（P.131）」を使い、経営資源を1つずつ再調達方法（「新規購入」など）、その価格、時間を検討して記入していきます。そして、時間と再調達方法の概要を、ここで作成する様式17のワークシートに転記します。なお、金額の情報は後に

行う財務対応の際に使用することになります。

　地震なのか、津波なのか、火災なのか、あるいは、事故なのか、盗難なのかなど、経営資源が失われる原因は特に定めません。BCPにおいては不特定多数の災害リスク要因に備えることが重要で、失われる原因よりも失われた場合の対応を重視した計画が必要だからです。また、再調達の際の周辺環境は平常通りとして、大地震の最中の再調達とか、新型インフルエンザ発生時の再調達とか、そうした特殊要因も考えず、あくまでも平時における再調達の時間を想定します。

　平時における再調達なので、新品を購入するにせよ、修理するにせよ、新しい外部サービスを導入するにせよ、再調達の時間はできるだけ短くなるように見積もってください。経営資源によってはメーカーや取引先に問い合わせをしないと分からないものもあるでしょう。その場合も最短での再調達時間を尋ねるようにしてください。

⏩ 手作業／代替業務手段の検討

　同時に、各経営資源が失われた場合にそれを用いた業務を継続できるかどうか、手作業による代替ができるのか、または他の経営資源を使った代替作業ができるのかどうかを検討します。この場合もまずシンプルに、平時に特定の経営資源が失われた場合、その経営資源がなかったとしても手作業なり、他の代替品を使って業務を継続することができるかどうかを考えます。ここでも「様式16：経営資源カード（P.131）」を用いて、仮復旧の欄に、検討した代替方法を書き込んでいき、代替の可否と概要について様式17のワークシートに転記します。

　代替できるとされた経営資源については、最悪の場合になくなったとしても何とかなる可能性があります。もちろん大地震による津波や火災で自社の経営資源が根こそぎ失われてしまった場合はどうしようもありませんが、BCPが用いられる状況というのは、全てを同時にではなく、いずれか（あるいは複数）の経営資源が失われる状況も考えられるため、まずはその1つの経営資源のみが失われた場合を想定します。もちろん、BCPが完成した後に、失われる経営資源の数を増やしたり、特定の組み合わせを想定したりというアップデートを

加えていくことは問題ありません。また、全ての経営資源について再調達の方法やコストが分かっていると、万が一全てを失うような大災害の被害を受けた場合であっても、すぐに再調達を進めることができますので事業再開までの時間を短くすることができます。

作業16
災害リスクによる被害想定

次に、事業継続に必須の経営資源が災害に見舞われた際にどのような被害が出るのかを想定します。といっても、災害の規模は実際に生じてみなければ分かりませんし、仮に分かったとしてもその災害でどの程度の被害が出るかという予測は専門家にも難しいのが実情です。そのため、被害を正確に想定することに労力をかけるのではなく、大地震や水害など自社が遭遇する可能性があると思われる災害が発生した際に、各経営資源が被害を「受ける」か「受けないか」をざっくり想定できれば、ここで実施する作業の質としては十分です。

また、被害を軽減するための具体的な防災対策については、この後の項目で実施しますので、ここでは単に被害を受けそうかどうかを想定する作業を実施します。具体的な作業内容は以下の通りです。

作業16｜災害リスクによる被害想定

用いるワークシート・資料
　◆様式18：経営資源×災害リスク　被害想定シート（P.142）

作業手順
- ワークシートの縦軸に、中核事業で必要な経営資源を全て書き出す
- ワークシートの横軸に、自社が遭遇する可能性のある災害リスクを書き出す
- 書き出した災害が生じた場合、各経営資源が被害を受けるかどうかを評価して数字や記号で書き出す

様式18. 経営資源×災害リスク　被害想定シート

経営資源				地震			台風	合計
				震度6強の揺れ	液状化	津波・1m浸水	洪水30cm浸水	※災害脆弱性
内部資源	従業員	営業部		5	1	3	1	10
		共通スタッフ		5	1	3	1	10
		A店舗スタッフ		5	1	3	1	10
	建物・設備	建物	本社	5	3	1	1	10
			A店舗	5	5	5	3	18
		設備・機材	PC	5	1	1	1	8
			複合機	5	1	1	1	8
			商品棚	5	1	5	3	14
		消耗品		3	1	1	1	6
被害を…　受けそう：大（5点）　受けるかも：中（3点）　おそらくない：小（1点）								

　ここでも様式のベースには第4章「経営資源の特定」で作成した「様式15：経営資源一覧表（P.128）」を用います。縦軸は経営資源一覧表と同じで、横軸に災害が生じた場合の影響を記載します。

　ここで行う被害想定は簡易的なものですが、被害の想定をすることが目的ではなく、災害リスクに弱そうな経営資源を洗い出すことが目的ですので、精度はそれほど高くなくて構いません。例えば、地震は「強い揺れ」「液状化」「津波」などの災害を生じさせますが、それによって被害が生じるかどうかを3段階程度で評価します。具体的には、「被害を受ける」「被害を受けるかもしれない」「おそらく被害はない」といった程度です。

　地震の強い揺れは、建物が免震構造になっていない場合はおそらくほぼ全ての経営資源が「被害を受ける」という想定になるでしょう。また例えば、自社工場が海岸沿いにある場合、地震の津波や台風の高潮が発生すると浸水被害が生じる恐れがありますが、重要な設備は高層階に配置してあるような場合、建物は「被害を受ける」となるでしょうが、設備は「おそらく被害はない」と判

断できそうです。このような簡易想定で構いませんので、BCPの対象とする全ての経営資源について、遭遇する可能性がある災害リスク全ての被害を想定して様式18のワークシートに記載します。

　経営資源ごとに被害を想定して、点数をワークシートに書き込んでいき、最後に合計点数をワークシートの右端に記載したら完了です。簡易的な想定ではありますが、点数が高い経営資源は災害に弱い（被害を受けやすい）可能性が高く、点数が低い経営資源は災害に強い（被害を受けにくい）可能性が高いと考えられます。

作業17
ボトルネックとなる経営資源を定める

　災害リスク評価のまとめを行います。目的は、次の第6章「個別対策計画」で各経営資源に対する防災・再調達計画を立てる際に、どこから着手するか、どの経営資源に予算を振り分けるかということを定めることです。ここまでの作業で以下の項目を特定してきました。

- 中核事業に必要な経営資源の一覧
- 各経営資源が失われた際の再調達時間
- 経営資源が失われた際の代替作業の可否
- 各経営資源が災害リスクに見舞われた際の被害想定

　第6章「個別対策計画」では、各経営資源を災害リスクから守り、また、失われた際に速やかな再調達が行えるよう、緊急時に対する備えの対策を行います。これがBCPにおいて最も重要な作業となりますが、経営資源の数が多い場合、防災に着手する順番を定めておいたり、緊急時に仮復旧を行う際の優先順位を定めておいたりしなければ、対象範囲が広すぎて取り組むことができなくなってしまいます。

　BCPの目標は、目標復旧時間以内に目標復旧水準の業務を再開させることです。ここで特定した再調達時間が目標復旧時間よりも長く、また手作業などによる代替もできないという場合には、その経営資源が失われてしまうと平時においても事業継続における危機を迎えるこ

とになります。こうした資源を「ボトルネック経営資源」と呼び、事業再開の際に足を引っ張る可能性があるため、重点的な防災対策を施して失われないようにしたり、目標時間以内の再調達が行えるように予備機材の導入やオフィス移転の検討を行う必要が出てきます。

> **作業17｜ボトルネックとなる経営資源を定める**
>
> **用いるワークシート・資料**
> ◆様式19：BCP個別対策優先度シート（P.145）
>
> **作業手順** ▶ワークシートの縦軸に、中核事業で必要な経営資源を全て書き出す
> ▶作業15、作業16の分析結果（失われた場合の再調達時間、失われた場合の代替作業の可否、災害リスクに対する脆弱性）を経営資源ごとに転記し、「ボトルネック経営資源」を特定する

　ここでは作業15、作業16のまとめを行います。様式のベースには再び第4章「経営資源の特定」で作成した「様式15：経営資源一覧表（P.128）」を用います。この作業により、各経営資源に対して個別対策計画（個別防災対策と再調達計画）を立てる際の優先順位と、緊急時に仮復旧を行う際の優先順位を定めます。

　まず、再調達時間が目標復旧時間よりも長いと想定され、かつ手動や代替品による業務の置き換えができないと考えられる経営資源については、それが失われた際に目標復旧時間以内の業務再開ができない恐れがあるため「ボトルネック経営資源」に設定した上で、何かしらの再調達計画を立てて再調達の時間を短縮させるか、予備品を用意して代替作業が行えるようにしておく必要があります。また複数の災害リスクの被害を受けそうだと想定される経営資源、あるいは「様式18：経営資源×災害リスク　被害想定シート（P.142）」で求めた合計点（災害脆弱性）の点数が高い経営資源については、災害が生じた際に被害を受ける可能性が高いため、何かしらの防災対策を施す必要があります。

様式19. BCP個別対策優先度シート

経営資源			目標復旧時間（最短）	再調達時間	代替の可否	ボトルネック	災害脆弱性	重点対策
内部資源	人員・従業員	営業部	2週間	90日	○		10	再調達
		共通スタッフ	5日	90日	○		10	再調達
		A店舗スタッフ	2日	60日	○		10	再調達
	建物・設備	建物 本社	2日	半年	△	[重要]	10	防災
		建物 A店舗	5日	半年	△	[重要]	18	防災
		設備・機材 PC	5日	1週間	○		8	
		設備・機材 複合機	5日	5日	○		8	
		設備・機材 商品棚	5日	1カ月	×	[重要]	14	防災
		消耗品	2日	1日	×		6	

　再調達が難しい「ボトルネック経営資源」が、災害にも弱そうだという場合、最優先で再調達と防災対策の計画を立てる必要があります。様式19のサンプルの場合は「A店舗」と「商品棚」の2つが、失われた場合の再調達が難しく災害の被害も大きそうなので、BCPにおける個別対策で最も予算を投じるべき対象であると考えられます。また、「本社」については災害リスクの恐れは相対的に中程度ですが、再調達が難しいボトルネック経営資源になっているため、同様に防災対策を強化して失われないようにする必要があります。

「従業員」については、再調達に3カ月程度がかかると想定されている一方、最短の目標復旧時間は2日〜2週間ですから、万が一失われてしまった場合は再雇用による調達は間に合いません。しかし代替（配置転換など）が可能だと考えられているため、事業継続の視点だけで見れば、防災対策よりも再調達計画を重視すべき経営資源といえます。しかし、実際には人命に関する防災対策を行わないということはあり得ないため、第3章「事前防災対策」にて防災対策を施す必要があります。

「PC」は再調達時間が1週間で目標復旧時間は5日ですから、失われた場合

の新品調達は間に合わない可能性がありますが、代替が可能と考えられており、かつ災害リスクへの脆弱性も低いため、個別対策計画の優先順位は下げて構わないと考えられます。ただし、実際にはデータのバックアップなどがきちんと行われていることが前提になります。また、「消耗品」については代替品がないと考えられているものの、再調達にかかる時間が目標復旧時間よりも短いため、失われてから買いに行けばよいと考えられます。ただし、これも大地震などの地域全体が破壊された状況においては買いに行くわけにはいかないため、ある程度在庫を持っておくという判断になるでしょう。

POINT 自社で実施する場合の留意点

本書で示した作業の内容は、あくまでも1つの考え方をモデルとして示したものにすぎません。第4章「経営資源の特定」と本章「災害リスク評価」を自社で行う場合、好きな方法で分析すればよいのですが、以下の点は留意してください。

第4章「経営資源の特定」：求めるものは、中核事業、重要業務（目標復旧水準・目標復旧時間）、経営資源の3つで、特に経営資源を特定することが重要。

第5章「災害リスク評価」：個別対策計画（個別防災対策・再調達計画）を円滑に実施するために、どの経営資源から重点的に対策するか優先順位を付けておくこと。特に重要な経営資源は「ボトルネック経営資源」として区別し、厳重な防災対策と二重、三重の再調達計画を立てるようにします。

「災害リスク評価」は中小企業の場合にどう考えるか

事業規模が大きくなると守るべき経営資源が広範囲になるため、災害リスク評価を行い、集中的に守るべきボトルネック経営資源を特定することでコストを集中投下できるようになります。また小規模な企業の場合、守るべき経営資源は相対的に少なくなりますが、同時に投下できるコストにも限りが出てくるため、やはり、災害リスク評価を行うことで集中的に守る対象を定めることは

有効です。最初から全ての経営資源を守ろうとするのではなく、再調達に時間がかかり、代替も難しく、災害リスクにも弱い経営資源から順番に対策を講じるとよいでしょう。

👉「災害リスク評価」の用語解説・一般的な手法

災害リスク評価は、ガイドラインなどでは「リスクアセスメント（RA：Risk Assessment）」と呼ばれています。実施すべき作業は同じで、「この経営資源が失われると目標復旧時間以内の事業再開が困難になる」対象を特定することです。

👉「災害リスク評価」の次に行う項目

災害リスク評価を実施したら、いよいよ各経営資源を具体的に守るための「個別対策計画」、「個別防災対策」と「再調達計画」を定める作業へ移行します。

6章 個別対策計画
～経営資源の個別防災対策及び再調達計画～

経営資源を災害リスクから守るための個別防災対策と、防災対策に失敗あるいは想定外の災害が発生して経営資源が失われた場合に速やかな再調達を行う再調達計画により、あらゆる緊急事態から自社の中核事業を守るための準備を行います。

↻「個別対策計画」を実施する目的

自社が災害に見舞われた際に事業を停止させないように準備すること、また、事業が停止してしまった際に目標復旧時間以内に目標復旧水準の業務を再開できるように準備をすることを目的とします。まさにBCPの目的そのものを達成するための準備を行うことが、個別対策計画の目的となります。

↻「個別対策計画」を実施しない場合のデメリット

個別対策計画を定めない場合、軽微な災害に見舞われただけで経営資源が被害を受けて事業が停止してしまったり、事業の再開に手間取り目標復旧時間以内の業務再開ができなくなってしまったりする恐れがあります。

↻「個別対策計画」を実施する場合のメリット

個別対策計画を実施して災害リスクへの対応力が高まると、軽微な災害に見舞われても被害を抑えることができるようになるため、そもそもBCPを発動させる必要がなくなる可能性があります。さらに、再調達計画に基づき仮復旧の準備を整えておくと、災害リスクの種類に関係なく事業の再開を行う準備が整

いますので、不特定多数の災害に見舞われて事業が停止しても、目標復旧時間以内に目標復旧水準の業務を再開させられる可能性が高くなります。

「個別対策計画」の本質や意味は何か

　BCPを策定する際に最も重要なのは、本章の個別対策計画です。経営資源の特定（BIA：事業影響度分析）や災害リスク評価（RA：リスクアセスメント）も重要な作業であり、ガイドラインやテンプレートによってはこれらの解説の方が詳細になされているケースもありますが、BIAやRAはあくまでも個別対策計画を行うための準備にすぎず、BIAとRAにより個別防災対策と再調達計画を効率的に実施することがBCP策定においては何よりも重要です。

　BCPが旧来の防災対策と異なる最も大きな点は、特定の災害リスクに対する準備に集中するのではなく、不特定多数の災害リスク、想定外の緊急事態に対応するための再調達計画を重視していることです。しかし発生することが明らかな自然災害に対しては、最小限の防災対策を施すだけでも経営資源が守られる可能性が高まるため、ボトルネック経営資源については防災対策をきちんと行い、その上で再調達計画を実施することが望ましいといえます。

「個別対策計画」はいつ実施するのか

　事業に必要な経営資源が少数である個人事業主や小規模企業の場合、いきなり個別対策計画を実施することも可能で、この場合はすぐにBCP策定が完了します。しかし通常の場合は、経営資源の特定（BIA：事業影響度分析）と災害リスク評価（RA：リスクアセスメント）の２つを実施し、守るべき経営資源の対象を特定し対策の優先順位を付けてから個別対策計画を実施することになります。また特に個別防災対策については、対象とする災害リスクを明らかにしないと対策が立てづらいため、順を追って実施した方がよいでしょう。

「個別対策計画」は誰が行うのか

　個別対策計画もここまでの各種分析同様、BCP担当者だけで完結させることは難しく、現場担当者の話を聞きながら、また、物理的な対策の実行や機材の導入には予算が必要なため経営層の承認を受けながら、作業を進める必要があ

ります。また例えば、仕入れ先を分散させる対応には取引先と事前調整が必要だったり、インフラ途絶に備えて同業他社に生産の代行を依頼するための協定を結ぶ必要があったりと、自社内だけでなく外部と話を進める必要がありますので、社内の各担当者を巻き込みながら計画を立てていきましょう。

➲「個別対策計画」に費用はどの程度かかるのか

個別対策計画はプランニングだけでは意味がなく、物理的な対策を行うことで初めて効果を発揮します。建物や設備に対する防災対策、予備の機材の準備、在庫の積み増し、インフラ停止に備えた燃料の備蓄などが必要で、内容によっては数年がかりで投資を行い少しずつ準備を進める場合もあります。全ての対策を同時並行で進めることは負担が大きいため、特に重要なボトルネック経営資源から集中的に対応を進めるとよいでしょう。

➲「個別対策計画」の期間はどの程度必要か

どの程度の経営資源を対象に準備を行うかで必要な期間が変わります。対応範囲が広い場合はプランニングだけでも数週間〜数カ月程度、物理的な対策を講じていく際は数カ月〜数年単位で実施が必要なものもあります。工事を伴う建物の耐震化対策、取引先を巻き込んだ準備などには特に期間が必要になるため、対策内容を一覧表にまとめて進捗状況を管理しながら進める必要があります。また、BCP策定の完了を個別対策計画が完了してからとしてしまうと時間がかかりすぎる場合があるため、計画としてのBCP策定と、物理的な個別対策計画は並行して進め、BCPをドキュメントとしてまとめた後も引き続き個別対策計画に伴う作業を行うようにしましょう。

「個別対策計画」の進め方

BCPにおける個別対策計画は、個別防災対策と再調達計画の両面から考えていきます。個別対策計画の最終的な目的は、あらゆる経営資源を災害リスクから守ることではなく、緊急事態が生じた場合でも中核事業に必要な経営資源に被害を出さない、あるいは目標復旧時間以内に必要な経営資源を再調達するこ

とです。それができるのであれば、全てを個別防災対策で守るのではなく、ものによっては再調達することを前提にするなど、ある程度割り切ってコストや手間とのてんびんにかけて判断して構わないのです。

　経営資源には、防災対策で守った方が効率のよいものと、防災対策はせずに最初から再調達することを決めておいた方が効率のよいものがあります。防災対策に力を入れるべきなのは、再調達に時間がかかったり、手作業による代替がしづらかったりする経営資源です。建物、修理が難しい製造設備、在庫の確保が難しい原材料や商品、また再調達することが不可能である人命や情報といった経営資源は、特に厳重な防災対策を実施する必要があります。

　一方、予備を社内で確保することが容易なもの、代替品をすぐ用意できる経営資源については、コストをかけて厳重な防災対策を行うより失われた際に再調達をした方が早い場合があります。消耗品、共用しているパソコン、印刷すれば用意できる紙のマニュアルなど、すぐ予備を用意できるものはコストをかけて防災対策をするより、予備の置き場所を分かりやすくしておくなどの対策の方が向いています。また、防災対策と再調達計画の両方を万全に行うべきなのが、第5章「災害リスク評価」で特定したボトルネック経営資源です。

作業18
個別対策計画の作業シートの準備

　個別対策計画は個別防災対策と再調達計画の2つに分けて考えていきますが、これらはさらに「事前対策」と「緊急時対応」に分けられます。具体例は下記の通りです。

- 個別防災対策（事前対策）

    建物の耐震強化、什器の固定、ガラスの飛散防止対策、雷防災設備の導入など

- 個別防災対策（緊急時対応）

    消火設備の導入、土嚢の準備、除雪スコップの用意

- 再調達計画（事前対策）

    発電機の購入、予備PCの準備、データのバックアップ、協業の取り決めなど

- 再調達計画（緊急時対応）
  発電機のマニュアル準備、予備PCセットアップ手順書の準備、データのリカバリープランの準備、生産協定取引先の連絡先一覧の用意など

上記のような対策を経営資源ごとにまとめ、計画書の形式でまとめていきます。事前対策が必要なものは「様式20：防災／再調達・事前対策管理シート（P.153）」に一覧にし、順番に実施していきます。また、緊急時の対応が必要なものは、各個別対策カードに書き込んだ上で、「緊急時対応マニュアル」としてファイリングし、すぐに閲覧できるように整備しておきます。

このカードを各担当者あるいは代替人員に配布しさえすれば、経営資源の再調達と業務の再開が行えるというレベルで作成します。また、仮に洪水警報や噴火警報などが発令された場合、急きょ防災対策を実施する必要がありますが、何をすればよいのかがこのカードを見れば分かるようにしておきましょう。

作業18 │ 個別対策計画の作業シートの準備

用いるワークシート・資料
- ◆様式20：防災／再調達・事前対策管理シート（P.153）
- ◆様式13：中核事業カード（P.123）
- ◆様式14：重要業務カード（P.124）
- ◆様式16：経営資源カード（P.131）

作業手順
▶個別対策を行う経営資源ごとにカードを準備する
▶個別対策の計画を行う
▶計画した内容を防災対策シート、再調達管理シートに記載する

様式20. 防災／再調達・事前対策管理シート

種別	経営資源	現在の状態	対策内容	費用	予定日	実施状況
ヒト	EC担当者	代替要員なし	業務のマニュアル化	なし	YYYY/MM/DD	実行中
モノ	個人PC	防災対策なし	保管庫を用意	xx円		発注済み
	倉庫商品棚	突っ張り棒固定	床へのアンカー固定	xx円		検討中
情報	受注データ	バックアップが週1回	日時で自動バックアップ	なし		構築中
	ECシステム	代替システムなし	エクセル運営方法を検討	なし		検討中
外部サービス	○○運輸	代替サービスなし	他業者への見積もり	なし		検討中

　ここからは、第4章「経営資源の特定」でリストアップした中核事業を構成する重要業務で用いる経営資源それぞれについて、事前の防災対策、緊急時の防災対策、事前の再調達の準備、そして緊急時の仮復旧手順を考えていきます。本格復旧の手順については第5章「災害リスク評価」で検討しましたので、ここでは各経営資源の緊急時の対応各論について検討します。

　具体的には「様式16：経営資源カード（P.131）」を用意して、このワークシートに検討した事前・緊急時の対策を書き込んでいくことになります。経営資源の数が多い場合は時間がかかりますが、この作業こそがBCPにおける最重要作業であり、緊急時へ向けた対策を立てる作業の全てとなりますので、各部署の担当者に協力を依頼して少しずつ進めるようにしてください。なお、この場合、最初から順番に行うのではなく、災害リスク評価で定めた対策の優先順位に従って、特にボトルネック経営資源から対策を考えてください。

作業⑲
人の再調達

　基本的に事業の根幹は人であり、従業員さえそろえば何かしらの業務再開へ向けた道筋をつけることができます。逆に必要な人員がそろわない場合、設備や機材が全てそろっていても業務の再開はできません。誤解を恐れずにいえば、人は再調達が可能な経営資源です。他の部署から配置転換させる、また本格復旧段階においては雇用を行えば人員を埋め合わせることはできます。そもそも平時においても、従業員が定着しないとか、重要なキーマンが退職してしまうというのは企業において特段珍しい状況ではありませんから、人は基本的に再調達が容易な経営資源であると考えられます。

　しかし、企業倫理の面からは、人の再調達を前提とした計画は立てられません。「けがをしようが死亡しようが代わりはいくらでも用意できるから、人の命を守るための防災は行わない」と言うことはできません。また、従業員の命を守るということは企業において最も基本的な責任であり、想定外の緊急事態が生じたとしても、普段から防災対策を行わなかったり適切な避難指示を出さずにいて従業員の生命を損なってしまった場合は、東日本大震災の際も事例が見られたように、後日、遺族から莫大な損害賠償請求訴訟を起こされる可能性があります。

　また、BCPにおいては中核事業に必要な経営資源に絞った対策を行いますが、人についてはこの考え方が適用しづらく、「BCPで定めた業務に従事する従業員はオフィスの安全な場所で業務をしてもらうが、そうでない業務の従業員、中核事業に関連しない店舗の従業員は守る必要がないため防災対策などは最小限にとどめる」ということもあり得ません。

　結論として、従業員の命を守るための防災対策は、BCPにおける個別対策計画とは別の前提事項として取り組んだ方がよく、そのため第3章「事前防災対策」をBCP本体の策定に先駆けてまず実施し、従業員の命を守るための環境を構築することを本書では提案しました。人

に関する個別対策計画は、防災対策については中核事業であるかそうでないかに関わりなく実施すべきで、再調達計画は万全な防災対策を立ててから、それでも被害を受けた場合を想定して立てるべきなのです。

⟳「ヒト」に対する再調達計画について

　万全な防災対策を講じても、大災害が生じた場合の被害をゼロにすることはできず、人命を守りきれなかったり、従業員が大けがをしてしまう可能性は否定できません。また、命に関わる事態とは別の理由で従業員を調達できなくなる場合、例えば、外出中の営業担当者が大地震による交通機関の停止で帰社できなくなる、新型インフルエンザなどが発生して出社できなくなる、あるいは、自然災害などが発生しなかったとしても、キーマンが退職してしまうとか、社外で交通事故に遭うなど、常に人が失われる可能性があります。

　そこで、防災対策を十分に行った上で、それでも従業員が失われた場合を想定した準備、人の再調達計画が必要になるのです。人を再調達するというのはどのような考え方でしょうか。第3章「事前防災対策」では、まず従業員の命を守るための対策、地震およびその二次災害対策と、帰宅困難対策を含む最小限の防災備蓄についてまとめました。再調達計画の場合は、こうした防災対策を施したにも関わらず、中核事業を再開させるための人員がそろわなかった場合にどのような対策を取ればよいかという計画をまとめることになります。災害で人が失われるケースとしては、次のような状況が考えられます。

①就業時間中の災害の場合

- 従業員が死亡ないし負傷して業務に当たれない（自然災害など）
- 従業員が中核事業以外の業務に取られ、業務に当たれない（不祥事など）

②就業時間外の災害リスクの場合

- 従業員が出社できない（自然災害など）

　こうした分類をすると、「社員が死ぬことを前提とした計画など許されない！」という声が聞こえてきそうですが、むろん万全の防災対策を施しておく

ことが大前提であることは言うまでもありません。再調達計画は、あらゆる経営資源が失われることを前提に立てる計画であり、経営資源の内容がヒトであってもモノであっても考え方に違いはありません。

就業時間中の災害リスクに対する人の再調達計画

災害が就業時間中に発生した場合、従業員が失われるケースは2通り考えられます。まず、自然災害などの物理的なリスクにさらされて死亡や大けがをしてしまうケース。また、不祥事や事故などで従業員が外部対応や中核事業以外の対応に追われ、中核事業に割く人員を確保できなくなるケースです。こうした状況において最小限必要な従業員を確保するための手段が、BCPにおける人の再調達計画となります。

①業務のマニュアル化

BCP担当者以外の従業員に業務を行ってもらう場合、業務のマニュアルが必要になります。これは1から10までの手順を記す場合もあれば、目標復旧水準の再開において求められる業務に範囲を狭めたマニュアルのみ作成する場合もあります。さらに、業務それ自体を行うためのマニュアルが必要な場合もあれば、BCP担当者が出社次第すぐに業務再開できるようにするため、事前の準備や設備の仮復旧の手順をまとめた内容である場合もあります。また、重要なこととして、マニュアルは必ず紙に印刷しておき、すぐ閲覧できるようにしておくということが挙げられます。

POINT 業務のマニュアル化で効率改善

業務のマニュアル化は平時のリスク回避においても重要です。従業員はいつ退職するか分かりません。むしろ災害リスクで退職をする可能性より「一身上の都合」で辞めてしまう、あるいは事故や病気で退職する、介護休職や産休・育休で長期休暇を取るなどの可能性の方が圧倒的に高いといえます。これらの際には業務引き継ぎを行いますが、往々にして引き継ぎにはトラブルが生じるもので、記載内容が役に立たなかった、肝心なことが書かれて

いなかったということが生じます。BCPの一環として適切な業務マニュアルを平時から用意できれば、「重大な緊急事態」以外の状況にも対応しやすくなるのです。

　業務のマニュアル化を実施すると、本当は必要のなかった業務、慣例として行っていたが省略可能な業務などが発見されることもあり、効率化にも大変役立ちます。また、従業員がベテランになるほど業務が属人的になり、ベテラン人員が何をしているのかがブラックボックス化しがちですが、業務マニュアルを作成してみると実はさほど高度な業務は行っておらず配置転換など全体最適により全社の生産性が向上するということはよくあることです。属人的な状態を解消できれば、人員の異動がしやすくなり、また、有給休暇なども取得させやすくなるでしょう。

②従業員のマルチスキル・多能工化
　業務マニュアルが作成できれば、それを用いて平時から複数スキルを付与させる教育を行うことができます。例えば、繁忙期にヘルプに入ってもらうケースであったり、急な受注の増加時に一時的に異なるラインに入ってもらうケースは平時であってもよくありますので、このような配置を意識して行うようにしたり、担当者以外の人員に対して経験を積ませておくことは有効です。
　新人教育の一環でジョブローテーションを積ませるということもよく行われますが、これも非常時を見据えたマルチタスク化としては有効です。しかし、せっかく複数のスキルを身に付けさせても、それを非常時の計画を立てる担当者が知らなければ意味がありませんから、従業員一覧表に、その従業員が担当できるスキル、その習得レベル、重要業務の目標復旧水準での業務がこなせるかどうかなど、きちんと記しておくようにしましょう。

POINT　他業務の理解を通じたコミュニケーションの促進
　　業務改善の一環として、例えば社員研修や合宿を行う際、業務マニュアルを用いた部署ごとの「ジョブチェンジ研修」というものを実施することも考えられます。スタッフ部門が営業部の業務

改善を提案してみる、営業部が製造部門の業務改善を提案してみるなど、まったく異なる仕事をしているメンバーに他部署の業務を見てもらい、素人意見で構わないので「こうしたらどうか」という提案をさせると、当事者だと気付かない意外な改善点が見つかることもあります。また、他部署の仕事を知ることで、理解が深まり、双方のコミュニケーションが円滑になるなどのメリットもあります。

就業時間外の災害に対する人の再調達計画

災害が就業時間外に発生した場合は、都市の物理的な破壊や交通機関の停止、あるいは従業員の家族の病気やけがの対応などにより、従業員が出社できなくなるケースが考えられます。こうした場合に備えて、遠隔での業務遂行、テレワークの環境を整えておくことが望ましいといえます。

製造や販売業務以外のオフィス業務については、遠隔操作による業務再開も比較的容易に実施可能です。BCP担当者が出社できなくなる新型インフルエンザ、東日本大震災でも見られた交通の混乱や原子力発電所の事故などにも有効です。通常の季節性インフルエンザにかかり、症状は治まっているが医師から出社禁止とされている場合、残業を持ち帰る場合、産休・育休中の女性を活用する場合などにおいても、テレワークは有効に活用できます。

POINT テレワークはBCP以外の場面でも有効

在宅勤務の推進はいろいろなシーンで有効であるため、導入する企業が増加しています。ぜひ検討してみるとよいでしょう。営業担当者などの場合も、クラウドサービス等の導入で出社しなくても事務処理ができたり、注文を流せたり、請求書を作れるようにすると、非常時にも有効に機能しますし、平時の業務効率改善にも役立ちます。ただし、情報セキュリティは万全にするように注意してください。

作業⓴
設備や機材の再調達

　オフィス、工場、倉庫、店舗などの建物、製造設備、店舗什器、OA機器、オフィス家具、パソコンなどの設備、営業車、トラックなどの車両運搬具、また、さまざまな消耗品など、経営資源には多くのものが含まれます。これらは、再調達に長い時間が必要となるものも多く、こうした経営資源が失われると事業再開のボトルネックになりがちで、個別対策計画が必要となります。

　平時であっても修理に時間がかかる設備は、緊急時にはなおさら再調達に時間がかかります。平時には定期点検で問題がない機材も、緊急時にはメーカーの巡回が停止して稼働が難しくなることもあり得ます。自社に予備の機材を置いておくことが難しく、その上修理や再調達に時間がかかるような設備機材については、ある程度の防災投資を行って災害の被害を免れる対策を講じる必要があります。

　しかし、災害には想定外が付きものであり、完璧な防災対策はあり得ません。重要な設備や機材が失われる可能性は常に付きまといますので、BCPでは防災対策と再調達計画を必ずセットにし、可能な限り早く再調達ができるように準備しておくことが重要です。修理をするためのメーカーの連絡先、新品を購入するための販売店の連絡先、あるいは定期的に入れ替えの見積もりを取っておき、すぐに発注することができるようにしておくことも有効でしょう。また、どうしても再開できないようであれば、普段から代替拠点を用意しておく、生産拠点を分割しておくなども考えられますが、中小企業の場合は現実的でないかもしれません。水産加工業であれば津波のリスクを負ってでも海の近くに立地させなくてはならないなど、防災が難しいという場合もあるでしょう。そうした場合は、協力会社や取引先との間で、非常時に生産を代替できるようにしたり、互いのオフィスを間借りできるようにしたり、販売の代理をしてもらえるようにしておくなど、事前に協議しておきましょう。

以下、具体例をいくつか考えてみましょう。

①防災対策の徹底
　重要な機材については、まず防災対策を徹底しておくことが重要です。どこでもリスクがある地震対策、その二次災害である火災、津波、土砂災害などに対応するため、機材をボルトで固定しておくとか、什器を壁に固定しておくとか、ガラスにフィルムを貼っておくとか、耐震ジェルマットで倒れづらくしておくなど、さまざまな対応が考えられます。

②予備設備の準備
　倉庫など安全な場所に予備の設備を保管しておき、メインの機材が失われた場合に速やかに交換できるように、設置手順のマニュアルなどをまとめておきます。また、普段から設備をメインとサブの2系統にしておき、さらに予備を用意する、正・副・予備の3系統を常時スタンバイさせておくことはとても有効な対策です。新たに予備設備を購入することが金銭的に難しい場合は、設備の入れ替え時に廃棄設備を予備として維持させておくなどして、数年がかりで少しずつ準備することも考えられます。

③社内で修理するための準備
　設備や機材が故障した際に、社内で修理ができるようにしておくことも重要です。そのための修理機材や材料を安全な場所に保管しておきます。また、全てメーカーに依頼していたメンテナンスがある程度内製化できることが分かれば、メンテナンスコストの削減、もしくは、交渉材料とすることによって値下げが実現できる可能性があります。

④メーカーやベンダーとの復旧手順の確認
　自社での修理が難しい場合で、かつ、メーカーによる修理がすぐに受けられるか分からない場合は、最小限の作動ができるようにするためメーカーから復旧手順や修理の手順を聞いてまとめておく、あるいは、遠隔で指示をしてもらい対応することを検討してもよいでしょう。

⑤同業他社との協定締結

　防災対策に失敗し、修理や再調達にも時間がかかる場合に備えて、同業他社と、非常時に生産を代行し合うことや、互いの店舗で営業を再開させるような取り決めをしておきましょう。大地震などのリスクに備える場合は、ある程度物理的な距離がなければともに被災してしまいますので、隣近所の会社との協定だけでなく、ある程度離れた距離の会社と提携しておくことも重要です。

作業㉑
情報の再調達

　経理情報をはじめとする経営情報、顧客や取引先情報、製造データ、また、システム開発業などの場合は成果物そのものが情報に属しますので事業そのものがこのカテゴリーに属する場合もあります。

　経営資源として重要なものから優先順位を付けると、むろん道義的には人命が最優先ですが、事業を維持するという意味合いにおいては情報が最も重要な資源であるといえます。それは、情報だけは再調達ができないからです。

　経営において情報のバックアップは非常に重要で、経理情報や顧客情報などの重要情報を失った場合、事業の再開ができなくなる恐れがあります。また、情報喪失は外的要因だけでなく内部の作業ミスでも起こり得るリスクですので、情報のバックアップ体制の見直しなどは定期的に実施するとよいでしょう。

　前述の通り、従業員は再調達ができますし、設備や資金も再調達は可能です。しかし、自社の情報資産だけは、世界中どこを探しても同じものはありませんから、失われないように自社で守ることが必須となります。そのため、情報については再調達プランというよりも、絶対に失われないような防災プランを定めておくことが必要となり、この点が他の作業とは大きく異なります。

　BCPにおける情報の再調達は、自社で準備したバックアップなどを平常通り使えるようにリカバリーすることを目的とします。

①情報の分散保存・差分保存・多重保存

　業務で使う情報やファイルは、自社だけでなく外部のクラウドサーバーなども用いる分散保存、数日・数カ月単位でさかのぼって復元できるようにしておく差分保存、そして、HDD（ハードディスクドライブ）だけでなくCD-R等のメディアにも保存をしておくなどの多重保存が鉄則となります。

②バックアップ情報の速やかな閲覧・リカバリー

　基本的にはITシステムでどのように情報を守るかという対策が最良です。紙のマニュアル、図面などもデジタル化して多重保存すれば、紙のみで保存をしているのに比べて圧倒的に安全になります。

　従業員のパソコンのみ、自社のサーバーのみでの保存の場合、大規模な災害などがなくても簡単に情報が失われるリスクがありますので、社外のサーバーを併用する、クラウドサーバーを併用するなどの対策が必要です。

　情報のバックアップを行う際には、物理的な距離を持たせる分散保存、最新の１件だけでなく何世代かさかのぼれるようにしておく差分保存などの手段を組み合わせて実施する必要があります。また最近では、自社内だけに情報を保存するのではなく、クラウドサービスなどを用いて、セキュリティが堅牢な外部のストレージに情報を保存するということも可能です。情報のクラウド化は検索性・閲覧性が向上するため、業務改善にも有効です。

POINT　IT化はBCPにも業務の効率化にも有効

　　　　　業務のIT化、情報アクセス手段の多様化は、業務の効率化にも適しています。情報をすぐ取り出せると楽ですし、また業務の再調達のところで提案した遠隔業務、テレワークを行うためにはこのIT化が必須となります。

③電子メール

　電子メールは、特別な理由がない限り、社内にメールサーバーを立てて運用したり、各個人のパソコンからしか閲覧できないオフラインのメールソフトを使うより、クラウドサービスを用いた方が便利で確実です。グーグル、マイク

ロソフトなど各社が提供していますが、これならデータは失われませんし、パソコン以外の端末からも容易に閲覧できます。ただ、保存先のデータが消失する可能性はゼロではないため、定期的に自社にバックアップを取っておく方が安全です。要は確率の問題であり、自社で管理するメールサーバーと、クラウドサービスのサーバーのどちらが失われる可能性が高いかという話です。

④業務ファイル

　ワードやエクセルなどで作成するデータファイルも、できれば個人のパソコンだけにデータを保存するのではなく、作業の終わりや1日の終わりには、必ず外部にバックアップを取るようにしましょう。自社でファイルサーバーを用意しても、外部のクラウドサーバーを用いても構いません。いずれにしても、自社サーバーにしかデータファイルがない、クラウドサーバーにしかないという状況は避けるべきです。なお、外部にデータファイルを保存する手順を定めて運用をしていると、突然パソコンが故障した場合でもすぐに復旧できますから、極めて有効だといえます。

⑤業務ツール

　顧客管理ツール、在庫管理ツール、経理ツール、勤怠管理ツールなどの業務ツールも、できればクラウド化しておく方がよいでしょう。ただ、いずれのクラウドサービスも、インターネットに接続していなければ使用することができません。通常の回線と併せて、WiMAXなどの無線回線をいくつか用意できるとよいでしょう。普段は社外にいることの多い営業担当者などに持たせておけば無駄になりません。また最近は、個人のスマートフォンでテザリングができる機種も増えていますので、それでつながるか試しておくことも有効です。

作業22
仕入れ・取引先の再調達

　ここまでは社内の経営資源、内部資源についての対策を紹介してきました。従来の防災対策であれば、内部資源をいかに守るかという発想だけでよかったのですが、事業は内部だけでなく多くの外部の経営資

源によって支えられているため、BCPにおいては外部資源の個別対策計画も重要になります。最初に考えるのは、商品や原材料の仕入れといった仕入れ・取引先に関する個別対策計画です。

　卸・小売業を営んでいる場合は事業継続に商品の仕入れが欠かせません。製造業の場合も原材料や部品の仕入れが必須です。また、飲食店も材料の仕入れが必要ですし、車両を使う事業であれば燃料の調達が必要です。その他の業態でも、消耗品をはじめ、外部から何も調達しなくてよいという事業はそう多くはありません。こうした仕入れ・取引先について、自社が防災対策を施しに出向くことはできませんから、基本的に再調達を中心とした計画を立てることになります。

　仕入れができなくなるような緊急事態はさまざまなケースが想定されます。分かりやすいのは大地震をはじめとする自然災害で、取引先が被災して操業が停止した場合、流通が停止した場合などは仕入れが不可能となります。また、仕入れ先の設備自体に損害がなくとも、新型インフルエンザ、火山の噴火による降灰、想定外の大雪などで流通網が停止した場合も仕入れができなくなります。さらに、何かしらの原因で取引先が倒産、あるいは長期間の操業停止に追い込まれたり、逆に自社が不祥事などを起こして取引をしてもらえなくなったりという状況もあり得ます。

⤴ 仕入れ先の分散化

　仕入れ・取引先を1社に限定している場合は、仕入れが途絶するリスクが高くなりがちです。事務手続きの簡略化、あるいは、取引量増加によるスケールメリットを得るために仕入れ先を集中させることがやむを得ない場合もありますが、事業継続の観点で考えれば、少量取引であっても複数の会社と取引の実績を作っておき、緊急時の取引先変更をしやすくしておくことが重要です。定期的に見積もりを取得したり、新たな仕入れ先を開拓するなどして、仕入先の分散化に努めるようにしましょう。

　一方、こだわりの食材、日本でその企業しか製造できない精密部品など、仕入れ先を複数にできないような状況もあり得ます。しかし、この場合は仕入れ

先企業に自社の事業継続の命綱をがっちり握られてしまっていることになりますので、仕入れ・取引先の再調達プランと同時に、中核事業の見直しも行うべきであるといえます。調達リスクの高い商品や材料に依存する状況を回避するために、一時的にでも汎用性の高い商品や材料に置き換えられないかを検討しておいたり、複数の事業を並列するようにしてリスクヘッジを図るような検討が必要となります。

> **POINT** 取引先の分散化によるコストダウンはほどほどに
>
> BCPの一環として複数の仕入れ・取引先とつながっておくことは、事業継続という観点だけでなくコストダウンの面からも有効です。常に複数の取引先から同じ商品を仕入れられるようにしておくことは、値下げを実現するために有効な手段といえます。オンリーワン商品についても、事業継続の観点で常に代替商品を探しているというようなスタンスを取ることは、取引関係の上で有効に働くでしょう。とはいえ、そうした圧力をかけすぎて全ての取引先からそっぽを向かれてしまっては本末転倒です。値引き交渉はほどほどに、バランスを取りながら行いましょう。

在庫の積み増し

仕入れ・取引先の分散化と併せて、自社内に在庫を積み増しておくという手段も再調達の計画として取り得る手段です。特に仕入れ先が限定される、代替品が存在しないような商品・部品については、ある程度の期間の操業に耐えられる分量の在庫を保有しておくことが必須といえます。取引先が突然倒産してしまったような場合、代替商品を探したり、他のメーカーに製造してもらえるようにするためにかかる期間をまかなえる量というのが目安になりますが、物理的・コスト的に不可能であるような場合は、新たな中核事業を定めるなど別の観点で対応を図る必要があります。

作業23
外部サービスの再調達

　外部資源には、仕入れ・取引先以外に外部サービスというものも存在します。商品の仕入れも広い意味では外部サービスですが、事業は多くの外部サービスによって支えられています。例えば、流通というものは外部サービスの最たるものです。拠点間の大規模輸送、個人宅向けの宅配便サービス、郵便やバイク便、公共交通機関などの他にも、業務を外部委託している場合はその外注先、アウトソーシングサービス、リースサービス、業務に士業や専門家が必要な場合はそうした取引先、またウェブのクラウドサービスやオンライン型の業務アプリケーションも外部サービスの1つといえます。

　仕入れ・取引先の対応と同じく、これらの外部サービスはある日突然利用できなくなるリスクがあります。社内でも代替できる外部サービスであれば再調達の優先順位は低くなりますが、外部サービスがなければ業務が停止するようなボトルネック経営資源となっているような場合は、利用サービスの複数化や、緊急時に備えた手作業代替の準備などを行っておく必要があります。

　流通網の停止に備えて、自社に緊急搬送用の車両を用意する、自動補充される複合機やOA機器のメンテナンス停止に備えて、補充品や交換部品の一部を社内に在庫として保有しておく、現在利用中のウェブサービスをいつでも新しいサービスに乗り換えられるように、せめて導入の見積もりまでは事前に行っておく、士業などの顧問はセカンドオピニオンも兼ねて近距離と長距離の2つの事務所と契約をしておくなどの再調達方法が考えられます。

　外部サービスは提供が停止してしまった場合の再開時間が読みづらいため、目標復旧時間を達成するためのボトルネックとなる場合は、必ず代替手段を用意しておかなければなりません。

POINT **自社が外部サービスの供給元である場合**

　　　自社が運送業者であったり、ウェブサービスや専門サービスを

提供していたりする場合はどうでしょうか。BCPを策定して事業停止の期間を最小にする取り組みを行うことはもちろんですが、その復旧速度が遅かったり、状況が分かりづらかったりする場合は、他社に乗り換えられてしまうということを考えなくてはなりません。また、SLA（Service Level Agreement）により違約金が生じるような契約を結んでいる場合は、業務の停止自体が事業継続へ深刻なダメージを与えかねませんので、事業再開の優先順位を慎重に定めておく必要があります。

また、自社の復旧状況を外部へ素早く配信していくため、「作業25：市場・取引先の対策（P.171）」における計画をきちんと定めて、外部向けの情報配信手段を確保して、サービスの乗り換えを防ぐ取り組みが必要となります。

作業24
インフラの再調達

外部サービスの一種になりますが、インフラをどう維持するかも事業継続の課題となります。電力はあらゆる業態で必須となる最重要資源の一つですが、業態によっては水道やガスがなければ業務が行えない場合もありますし、また、インターネット回線や電話についても非常時になるほど重要度が増していきます。

オフィス業務などの場合は、小型の発電機を用意しておくことで最小限の業務を維持することもできますが、製造設備を動かす必要がある製造業、水とガスを用いる飲食業や宿泊業をはじめとするサービス業の場合は、インフラが回復するまでは最小限の業務を行うことすらできない場合もあり得ます。この場合は、事前に同業他社と協定を結んでおき、生産の代替を要請したり、一時的に拠点を移して操業することも計画に入れる必要があります。

また、インフラは他の外部サービスと異なり「倒産してサービスが二度と再開されない」ことはあり得ず、一定期間を耐えれば必ず復旧するという特徴がありますので、インフラ停止期間中は在庫分の出荷

のみを行うとか、一時的にインフラの依存度が低いサービス提供でしのぐといった計画も考えられます。例えば、飲食店でガスは供給されるが水の量が限られる場合は、ラーメンではなくチャーハン中心にするといった考え方です（もちろん、飯を炊くにも水が必要ですが）。

⟳ 電気

あらゆる業種において電力の維持は最も重要な課題となります。インフラの中では比較的復旧が早く、大地震の際でも1週間程度で復旧することが多いですが、電力がない場合は人力以外の業務が全く行えなくなるため、一時的にでも代替手段を確保しておくことが必要となります。代替電力を確保するための手段は2つだけで、「貯めておく」か「発電する」かのどちらかです。

しかし、電気は貯めておくことが難しく、パソコンや各種機器のバッテリーを常に満タンにしておく、乾電池を多めに確保しておくという以外にはなかなか手段がありません。営業車を使う場合は、電気自動車などを採用することで一時的な電力供給源として活用することができますが、これも有限であるため、一時しのぎとなります。

そのため電力確保は基本的に発電することが主要な選択肢になります。この場合、ポータブル発電機、自動車、ソーラーパネルなどの自然電源などが考えられます。ポータブル発電機は燃料の保管がセットになりますが手軽に安定的な電力を使えることが強みです。営業車を使っている場合は自動車そのものを発電機にして一定の電力を取り出すことができますが、インバーターなどの機材を用意しておく必要があります。また、発電機の一種としてソーラーパネルなどの併用も考えられますが、完全に自然任せとなってしまうためメイン電源としての活用には耐えられません。

POINT ガソリンではなくカセットガス発電機という選択肢も

ポータブル発電機の多くはガソリン燃料ですが、ガソリンは経年劣化してしまい長期保管ができないため、カセットガスを燃料にする発電機を選択するのもよい手段です。最大出力はガソリン発電機の方が大きなものがありますが、カセットガスは経年劣化

がないため、ボンベがさびない限り何十年でも保管することができ、また、カセットコンロなどの燃料としても活用できるため防災備蓄用品と共通化できることもメリットです。

水道

　従業員向けの飲料水需要だけであればペットボトル水で代替できますが、大量の水を用いる製造業や、飲食店、宿泊業などは水道が回復しないと事業の再開ができません。本格的に取り組むのであれば敷地内に井戸を掘るなどが考えられますが、かなりのコストになりますので中小企業では現実的な手段ではありません。前述のような同業他社との生産協定、一時的に水をあまり使わなくてよいサービスに絞って営業をするなどの対応が考えられます。

ガス

　水道同様、製造業、飲食店、サービス業などで重要になるインフラです。大地震などが生じてガスが停止した場合、都市ガスの場合は安全性を確保しながら復旧作業を行うため供給再開までの時間が長く、最長で1〜2カ月程度の復旧期間が必要となる場合もあります。そのため、ガスが完全復旧するまで業務再開は行わないとするとかなり長期間事業が停止する恐れがあるため、一時的に拠点を移動させたり、代替生産の依頼をしたり、あるいは、都市ガス以外の燃料を使用できるような設備を導入しておく必要があります。

　プロパンガスなどを用いる場合、自社設備の安全性のみが確認できればガスの利用が再開できるため、普段都市ガスを用いている場合は、緊急時にプロパンガスなどの外部接続に対応できるようにしておくか、コストは増しますが普段から併用するという方法も考えられます。

インターネット

　近年では電話よりも電子メールの方がよく利用されていたり、会社の基幹システムがインターネット経由で稼働するクラウドサービスだったりすることが増えており、「インターネットがないと不便」ではなく「業務ができない」という重要なインフラとなっています。インターネット回線は他のインフラと異

なり複数の会社と契約がしやすいというメリットがありますので、日ごろから固定回線・モバイル回線・スマートフォンのテザリング回線など、複数の回線を用意して災害リスクに備えることができます。

　もちろん、地域全体が停電を起こすような大規模災害の場合は全てのインターネット回線も切断されてしまいますが、電力・インターネットともに比較的復旧が早いインフラですので、どこかの回線が復旧した際にすぐ利用できるように複数の選択肢を設けておくことは有効です。メイン回線は固定の光回線として、営業担当者などの外出用端末を兼ねてモバイルルーターを常時契約したり、また、非常時にはスマートフォンでインターネットに接続するテザリングを用いることも可能です。モバイル機器の使用を前提とする場合には、乾電池式の充電池を多めに備蓄しておくなどしましょう。

通信回線

　インターネット回線と併せて、通信回線を維持することも需要です。大規模災害が発生すると毎度被災地への通信が爆発的に増加して、電話・携帯メールともにつながらないか極端につながりづらくなります。電話網が生きている程度の災害であれば、おそらくインターネットを用いることができますので、電話やメールの代替として、LINE（ライン）、Facebook（フェイスブック）、Twitter（ツイッター）などを通じて従業員や取引先と連絡が取れるように、事前にアカウントを交換しておいたり、使い方の確認をしておくとよいでしょう。

　なお電話回線すら停止するような大規模災害の場合はインターネットも寸断されると考えられます。この場合は、衛星電話が唯一被災地の外と連絡を取る手段になります。空が見える場所であれば地上が全滅していても他の地域に電話がかけられますので、費用はかさみますが外部との連絡手段がボトルネック経営資源になっている場合は、導入を検討してもよいでしょう。なおアナログな手段としては、マウンテンバイクやオフロードバイクなどを用意しておき、被災地を物理的に移動して連絡を取るという方法も考えられます。

作業25
市場・取引先の対策

　自然災害で大きな被害を受けている場合は、マスコミが詳細に報道してくれますので、災害の状況に関する情報は勝手に広まっていきます。しかし、自社だけが被災するような状態や、自然災害以外の災害が生じている場合などは、自社の信用を維持したり取引先が離れていくことを防ぐために、できるだけ早く、正確に、そして前向きな情報を配信して、市場への影響を最小限にとどめる必要があります。

事前対策

　自社が他社にとっての仕入れ先・外部サービスの供給元になっている場合、特に重要な顧客に対しては事前に自社がBCPを策定していることを伝え、どのくらいの時間で事業を再開させるのか、取引先への納品やサービス提供を再開させるのかを伝えておくことが重要です。こうした事前の通知や取り決めがあれば、緊急事態が生じた際にも即取引を切り替えられてしまうリスクを最小限にすることができます。

　また前述のように、ウェブサイトへの情報掲載のルールや、業種によってはコールセンター設置の準備などを行っておくと、最短での情報公開が可能になります。FacebookやTwitterなどのソーシャルメディアで自社のネガティブな情報が拡散されている場合はこれを察知するために、できれば各媒体に公式アカウントを開設しておくか、最低限、閲覧専用のアカウントだけは作成しておく必要があります。

緊急時対応

　災害に見舞われて緊急事態が生じた際には、どれだけ早く顧客・取引先・市場へ連絡できるかが重要になります。自社が地域に根ざした商店やサービス業である場合は、自然災害などの広域災害時には顧客である地元住民も一緒に被災していますので、良くも悪くも状況が伝わりますし、仮復旧の時間もある程度は稼げます（すぐに営業を再開させても地元住民の生活が再建されないと顧客が来ないため）。一方、顧客が全国に存在するようなサービス、あるいは競

合他社が外部からどんどん入ってくるような業態の場合は、自社が被災して事業が停止した瞬間というのは、競合にしてみるとライバルを切り崩すチャンスとなってしまうため、一刻も早く自社の状況を外部に配信し、特に重要な顧客に対しては仮復旧の見込みなどを伝え、契約を維持してくれるように依頼しなくてはなりません。

　自社を発端とする事故、不祥事などを生じさせてしまった場合も、素早く公式見解を発表しなければマスコミ報道、インターネットの情報拡散などにより自社にとって不利な情報が勝手に広がることになり、その後の営業活動に深刻な影響を及ぼす恐れがあるため、BCPの取り組みの一環として情報配信の準備を進めておくことが重要になります。主要な取引先には電話などで直接連絡を取りますが、一般向けには自社ウェブサイトを中心としたコミュニケーションが基本となります。第7章「緊急時対応」で作成する「様式25：緊急時ウェブサイト更新マニュアル（P.187）」などを準備しておき、最低限の第一報として「状況は把握しているが詳細は調査中です」という告知を掲載する準備が必要です。

POINT 自社ウェブサイトの更新を緊急時に行うために

　外部への情報発信手段のうち最も広範囲に影響を及ぼすのが自社のウェブサイトです。自然災害などが発生した場合はある程度状況を察してもらうこともできますが、それでも数日間自社サイトが沈黙を続けてしまうと、再起不能と捉えられ取引を切り替えられてしまう恐れがあります。そのため、自社サイトにFacebookやTwitterを組み込んでおき、スマートフォンなどでソーシャルメディアを更新すれば最新の情報を自社サイトに間接的に掲載できるようにしたり、自社サイトのお知らせ欄だけはスマートフォンから更新できるようにしておいたりすることが重要です。

　また自社サイトの管理を外部のウェブ制作会社に任せている場合は、物理的な距離が離れている業者を選び、かつ緊急時にはお知らせ欄などに第一報を上げてもらうことを事前に決めておくことで、緊急時の更新を担保するという方法もあります。

作業26
財務診断・キャッシュフロー対策

　最後に財務面における個別プランを検討します。この項目の考え方を単純化すれば、損害予想額と手元資金のどちらが多いかを比較し、損害額の方が上回ると想定される場合には資金の再調達プランを立てなくてはならないということになり、手元資金の方が多いのであれば、積極的な資金調達プランは不要で、緊急事態が生じた際には目の前の復旧に全力で取り組めばよいということになります。

作業26｜財務診断・キャッシュフロー対策

用いるワークシート・資料
- ◆様式21：復旧費用算定シート（P.174）
- ◆様式22：事業中断時キャッシュフロー算定シート（P.174）
- ◆様式23：復旧費用調達シート（P.176）

作業手順
- ▶設備の再調達に必要なコストを算出する
- ▶事業が停止した場合のキャッシュフローの悪化を算出する
- ▶復旧費の合計を算出する
- ▶調達可能な資金を算出する
- ▶不足金額を把握し事前の資金調達を実施したり、緊急時に必要なつなぎ資金の調達方法を検討したりしておく

↻ 復旧費用を求める

　最初に経営資源が被害を受けた場合の最大損害額（再調達金額）を求めます。損害額は、その経営資源が失われた場合の新品調達額と、仮復旧を行う場合の暫定調達額に分けて記入していきます。金額については「作業15：経営資源が失われた場合の影響想定（P.137）」で経営資源が失われた場合の再調達方法を求めた際に算出し、「様式16：経営資源カード（P.131）」に記載していますので、

様式21. 復旧費用算定シート

経営資源				目標復旧時間	再調達時間	本復旧費用	仮復旧費用
内部資源	人・従業員	営業部		2週間	90日	xxx円	xxx円
		共通スタッフ		5日	90日	xxx円	xxx円
		A店舗		2日	60日	xxx円	xxx円
	建物・設備	建物	本社	2日	半年	xxx円	xxx円
			A店舗	5日	半年	xxx円	xxx円
		設備/機材	PC	5日	1週間	xxx円	xxx円
			複合機	5日	5日	xxx円	xxx円
			商品棚	5日	1カ月	xxx円	xxx円
		消耗品		2日	1日	xxx円	xxx円
計						xxx円	xxx円

様式22. 事業中断時キャッシュフロー算定シート

科目	1カ月 平時	1カ月 停止/仮復旧時	2カ月 平時	2カ月 停止/仮復旧時	3カ月 平時	3カ月 停止/仮復旧時
売上						
変動費						
固定費						
CF収支合計						
CF悪化差分						
復旧費用						
全収支合計						
全悪化差分						

その金額を転記してもよいですし、新たに概算で金額を求めても構いません。また、ざっくりと復旧費用がどの程度になるかを知るための作業ですので、鉛筆1本、コピー用紙1枚の金額までを求める必要はなく、復旧コストがある程度高額な経営資源に限ってしまって構いません。

↻ 事業停止時のキャッシュフローを確認する

次に、中核事業が中断してしまった場合のキャッシュフローの変化を求めておきます。まず、平時における収支を求めて記載します。そして事業が停止ししてしまった場合、あるいは仮復旧の水準で再開させている場合の収支を求めて記載します。双方の金額が出たら緊急時におけるキャッシュフロー悪化金額を計算します。この金額に前項で求めた復旧費用を足すことで、緊急時に必要となる資金の全体感を把握することができます。

↻ 緊急時の収支をまとめる

物理的な復旧費用と、キャッシュフローの悪化に伴うマイナス費用を算出したら、同時に自社で調達可能な資金額を求め、最悪の事態が生じた場合にどの程度の不足が生じるかを求めます。なお、災害によっては保険金などの支払いにより営業外収益が生じる場合もあります。ここで求められた不足金額について、今後、事前の資金繰り対策を行うか、緊急時のつなぎ融資を受けられるような計画を立てておきます。損害額は、事業の停止により売上が止まる「減収額」と、災害リスクにより被害が出た場合に復旧や再調達をするための「復旧費」の合算となります。減収額については、BIA（事業影響度分析）により中核事業を定める際に算出しました。復旧費については、個別調達プランで見積もった再調達金額がこれに該当します。

手元資金は、
- 現金・預金の取り崩し
- 損害保険
- 会社資産の売却
- 新規借り入れ
- 経営者からの支援

などが該当します。手元資金が損害額を上回っていれば、差し当たりは問題ありません。問題になるのは手元資金が不足することが明らかである場合です。この場合は資金調達計画を事前に立てておく必要があります。

様式23. 復旧費用調達シート

想定損害額		想定手元資金		過不足資金
再調達費用		現金預金		
CF悪化額		損害保険		
		資産売却		
		企業調達資金		
		経営者資金		過不足額
合計		合計		

POINT 損害保険について

　災害の種類によっては物理的な損害額の大部分を損害保険でカバーできる場合がありますので、会社の損害保険の付保状況を確認しておきましょう。ものの損害への対策としては基本的に火災保険で対応することになりますが、火災保険にもいろいろな種類があり、それぞれ保険の内容が異なりますので非常事態に有効活用できるかどうか、事前に確認しておく必要があります。一方、減収額に関しては損害保険でカバーすることができないため、利益保険によって対応することになります。損害保険の中には事業中断に関する損害を補償してもらえるものがありますが、オプションであったり特約であったりしますので確認が必要です。

「個別対策計画」は中小企業の場合にどう考えるか

　物理的な個別防災対策や予備機材の準備を中心とする再調達計画にはコストがかかります。中小企業の場合、売上に直結しない項目に多額の投資を行うことが難しいケースも多くありますが、逆に被害を受けてしまった場合の損失は大企業と比べて相対的に大きくなりがちですので、手作業で代替できる経営資源への対応は後回しにして、業務の維持を左右するボトルネック経営資源にコストを集中し、個別防災対策や再調達を計画するのが現実的です。

「個別対策計画」を経営改善に生かすポイント

　再調達計画はさまざまな項目を経営改善に役立てることができます。業務のマニュアル化を進めることは既存業務の見直し、効率化などを行うことにつながります。仕入れ先や購入元を分散させることは、常に条件を比較することでよりよい仕入れ先を見つけることや、コストダウンにつながります。また、取引先と連係を強化することは、営業活動の強化やコミュニケーションの改善につなげることができます。経営資源ごとの再調達計画を定める際に、さまざまな経営改善の効果を考えてみましょう。

「個別対策計画」の用語解説・一般的な手法

　個別対策計画は、防災・再調達を併せて「個別プラン」や「事前対策」などの名称で呼ばれることがあります。個別対策計画は会社ごとに行うべき内容が大きく異なるため、ガイドラインや各種のテンプレートでは各論対策についてあまり詳細に語られないことが多いですが、BCP策定においてはこの個別対策計画が最も重要な部分となりますので、時間をかけて計画を練りましょう。

「個別対策計画」の次に行う項目

　個別対策計画のプランをまとめたら、物理的な対策を講じるのと並行して「緊急時対応」の作成へ進み、プランを緊急時にどう活用するかを検討します。

7章 緊急時対応
～緊急事態発生時における対応フローの作成～

緊急事態が生じた際に、事前に定めておいた事前防災対策・個別防災対策・再調達計画を有効に活用するため、活動手順やBCP発動の判断基準をまとめておき、最も混乱しやすい初動対応を円滑に行えるように準備をします。

↻「緊急時対応」を実施する目的

緊急時対応を策定する目的は、これまでに定めた事前防災対策・個別防災対策・再調達計画を、いざ実際の緊急事態が生じた際に効果的に活用できるようにすることです。事前防災対策・個別防災対策・再調達計画は、主に経営資源や業務の部署単位での対応が中心であり、災害発生時から時系列に沿った流れにはなっていないため、時系列で順次対応をすることができるよう並べ替えて、使いやすくする必要があります。

↻「緊急時対応」を実施しない場合のデメリット

作成したBCPを役立たせるためには、BCPの発動が必要となる緊急時における活用手順、対応を明確にしておかなくてはなりません。緊急時対応をまとめない場合、非常事態が生じた際に、誰が、BCPのどの項目を、どんな順番で、どういう手順で実施していけばよいのか分からず、せっかく策定したBCPがスムーズに発動されない恐れがあります。緊急事態発生直後の特に情報が少ない時間帯において混乱を招き、目標復旧時間以内での仮復旧が難しくなることもあります。

◐「緊急時対応」を実施する場合のメリット

　緊急時対応を定めておくと、災害の発生、状況確認、BCP発動判断、仮復旧対応という一連の手順をスムーズに進めることができるようになります。緊急事態が生じた際、BCPを発動させて仮復旧を行うか、通常業務の延長として復旧させるのかは経営層の判断が求められますが、BCPの緊急時対応でこの判断基準を定めておけば、意思決定者層が不在の状況でもスムーズな初動対応を行うことができ、いずれの判断が下されても素早く事業再開へ向けた動きに取りかかれるようになります。ただでさえ緊急時は情報が錯綜し、また意思決定者層が全員そろっているとは限りませんので、その場の判断だけでは対応が追い付かない恐れがあります。余裕がある平時のうちに判断基準や手順をまとめておくことが有効です。

◐「緊急時対応」の本質や意味は何か

　BCPの核は再調達計画ですが、あくまでも平時に立てた計画ですので、状況が刻一刻と変化し、使える人も設備も限定される緊急時にはスムーズに活用できなくなる恐れがあります。特にBCPを発動させるかどうかという判断については、事前に基準やチェックリストを定めておかなければ混乱する原因となります。旧来からの防災対策にも近い内容ではありますが、発災時から仮復旧の着手まで、いつ、誰が、何を、どうするのかをまとめておきましょう。

◐「緊急時対応」はいつ実施するのか

　緊急時対応は個別対策計画をまとめたら策定し始めます。パソコンが1台あればどんな仕事もできるという個人事業主の場合は、最初から緊急時対応のまとめを行ってもよいのですが、基本的には個別対策計画で各経営資源をどう守るか、どう再調達するかという計画を定めてから、これを緊急時に活用するための具体的な手順として緊急時対応をまとめることになります。

◐「緊急時対応」は誰が行うのか

　BCP担当者がここまでの作業全体を整理しながら資料をまとめます。ビルの防災管理者と緊急時の対応について話をしたり、ITインフラなどの対応につ

いて情報システム担当者と、また防災備蓄や緊急時の道具を用意するためには総務部の担当者と話をしておく必要があるなど、各論での準備や資料をまとめる際には、社内外の各担当者と調整をする必要があります。

↻「緊急時対応」に費用はどの程度かかるのか

緊急時対応も計画をまとめるだけであればコストは不要ですが、緊急対策本部を設営するための備品などを用意しておく場合には購入費が必要となります。基本的には緊急時の対応をフロー表にまとめたり、連絡先一覧や手順書を作成するなど、社内人件費のみで対応する項目です。

↻「緊急時対応」の期間はどの程度必要か

緊急時対応は書類をまとめることが中心の作業となりますが、ビル管理者、防災担当者、情報システム担当者、総務担当者など複数の担当者と具体的な行動計画についてまとめていく必要がありますので、これらが全て異なる人である場合には1カ月程度の時間を見ておく必要があります。

「緊急時対応」の進め方

実際に緊急事態が生じた際にどのような行動を取るのかという計画と、緊急時に参照する「緊急時対応マニュアル」を作成します。作成するマニュアルは、①災害が発生した直後の行動に対応する「初動対応マニュアル」、②BCP発動の判断を行うための「状況確認マニュアル」、③被害を受けてしまった場合に用いる「復旧マニュアル」の3種類です。

マニュアル化作業自体は第8章「BCPの書類化」で行いますので、ここでは緊急時対応として不足している要素や、緊急時の対応フローなどを作成します。緊急時に使う資料はできるだけフローチャートやチェックシートの形式にして判断しやすくしておきます。「状況を見て判断」という項目ばかりでは身動きが取れなくなる恐れがあるため、社長なり責任者が不在の場合でも現場だけである程度の対応ができるよう細かくまとめておくことが必要です。右ページに緊急時の行動フロー例と作成するドキュメントの一覧を図解します。

第7章　緊急時対応

図：非常事態発生時の行動フロー・作成するBCPドキュメント

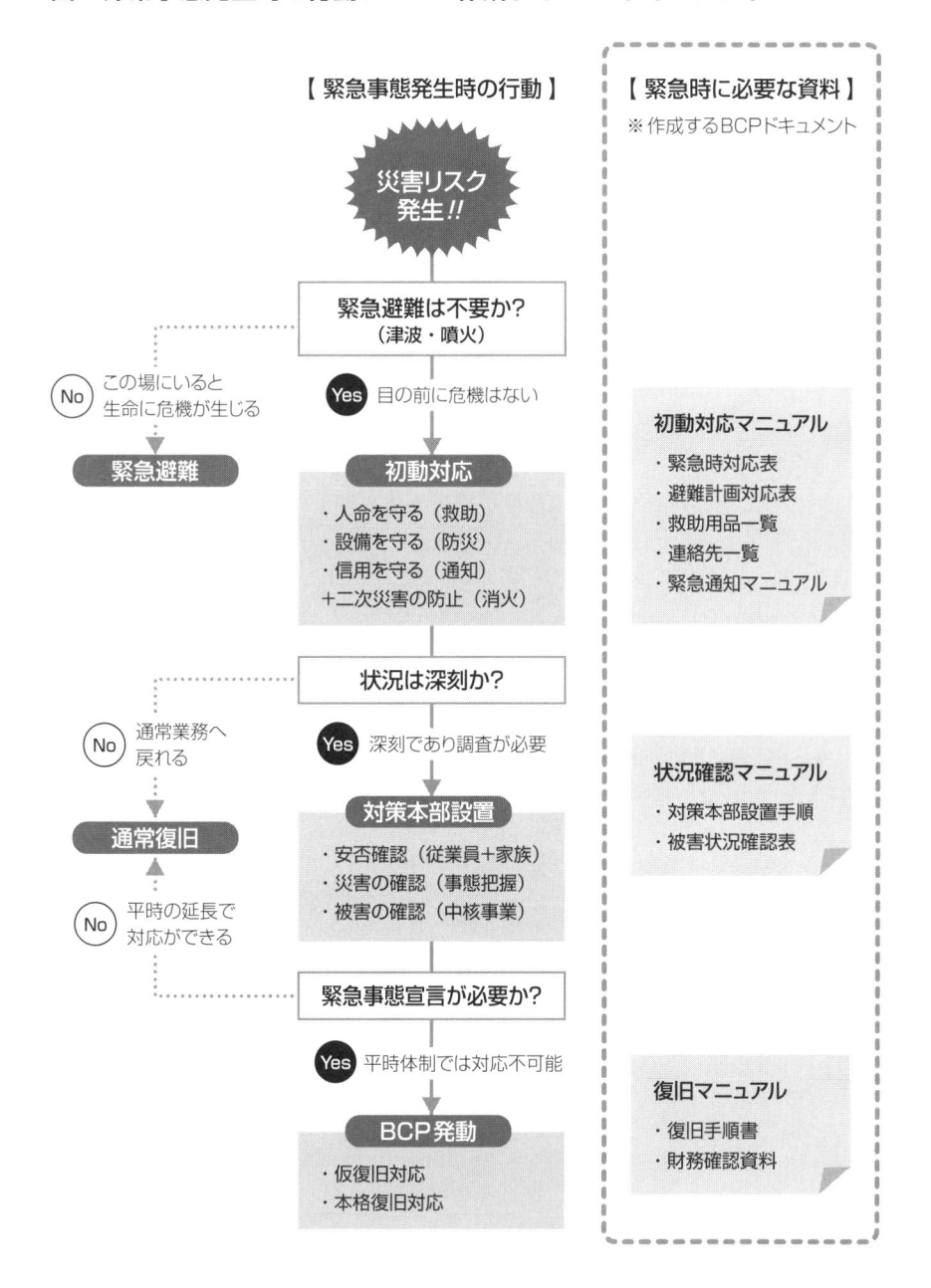

【緊急事態発生時の行動】　　【緊急時に必要な資料】
※作成するBCPドキュメント

災害リスク発生!!

↓

緊急避難は不要か？
（津波・噴火）

- No：この場にいると生命に危機が生じる → **緊急避難**
- Yes：目の前に危機はない

↓

初動対応
- 人命を守る（救助）
- 設備を守る（防災）
- 信用を守る（通知）
- ＋二次災害の防止（消火）

→ **初動対応マニュアル**
- 緊急時対応表
- 避難計画対応表
- 救助用品一覧
- 連絡先一覧
- 緊急通知マニュアル

↓

状況は深刻か？
- No：通常業務へ戻れる → **通常復旧**
- Yes：深刻であり調査が必要

↓

対策本部設置
- 安否確認（従業員＋家族）
- 災害の確認（事態把握）
- 被害の確認（中核事業）

→ **状況確認マニュアル**
- 対策本部設置手順
- 被害状況確認表

↓

緊急事態宣言が必要か？
- No：平時の延長で対応ができる → 通常復旧
- Yes：平時体制では対応不可能

↓

BCP発動
- 仮復旧対応
- 本格復旧対応

→ **復旧マニュアル**
- 復旧手順書
- 財務確認資料

181

作業27
緊急時の初動対応の事前準備

災害リスクが生じた直後の対応をマニュアルとしてまとめられるように準備します。災害の規模が大きい場合、何が起こったかを把握するのに時間がかかるため、正確な情報がないまま対応しなくてはなりません。まずは身の安全確保や二次災害の防止など、BCP本体というよりは防災に関連する対応を実施します。特に自然災害の場合、初動対応がうまくいき被害を最小限にとどめることができると、そこで被害を収束させることができBCPを発動させずに復旧できる場合もありますので、被害が大きくなる前の初動対応は極めて重要です。

また初動対応の中には、例えば自社の不祥事が突然マスコミに報道されたり、ソーシャルネットワークで拡散を始めたりするなど、物理的な被害は伴わないものの会社の信用を揺るがすような緊急事態への対応を行う場合もあります。この場合も、事態を把握した直後は正確な情報がないため行動を起こしづらいのですが、少なくとも自社がその状況を認識しており対策を検討中である旨、素早く告知することができる準備をしておく必要があります。

作業27 | 緊急時の初動対応の事前準備

用いるワークシート・資料

- ◆様式24：緊急時対応管理表（P.183）
- ◆様式5：救助用品／応急救護用品一覧表（P.86）
- ◆様式6：避難計画シート（P.89）
- ◆様式25：緊急時ウェブサイト更新マニュアル（P.187）

作業手順
- ▶初期対応に必要な手順をフローにまとめる
- ▶各種のリストやマニュアルを整備する
- ▶自社の従業員や取引先に対応の周知をする

様式24．緊急時対応管理表

状況	実施項目	内容	必要な道具	担当者
緊急避難		「避難計画シート（様式6）」参照		
人命保護	救助	救助が必要な場合の対応を行う	救助道具	〇〇一郎
	応急手当	けがをした従業員がいたら手当を行う	応急手当セット	〇〇二郎
設備保護	洪水時対応	・開口部へ土嚢の設置 ・敷地入り口へ止水板設置 ・地下階の避難誘導・閉鎖	土嚢 止水板	総務部 〇〇一郎 〇〇三郎
	火災時対応	・初期消火活動	消化器	
緊急通知	外部通知	以下の取引先へ緊急連絡 〇〇社（〇〇市〇〇町1-2-3：xxx-xxx-xxxx）	電話	営業部 〇〇四郎 〇〇五郎
	緊急連絡	消防署へ119番通報(会社の住所：〇〇市〇〇町1-2-3〇〇ビル 会社の電話番号：xxx-xxx-xxxx）	電話	第一発見者

↻ 初動対応に必要な手順をフローにまとめる

　緊急時の初動対応として、避難する、火災の初期消火をする、消防や警察に通報するなどの基本的な動作が、緊急時の混乱に巻き込まれると行えなくなる場合があります。また、会社組織は基本的に上からの命令で動くことが基本となっているため、緊急時に経営者や上司が不在の場合、適切な初動対応が行えなくなる恐れもあります。そこで、基本的な対応であってもフローチャートや一覧表に記載しておき、誰が何をするのかを明確にしておきましょう。

↻ 営業時間中か、営業時間外か

　営業時間外に緊急事態が生じた場合の対応を先に定めるようにしましょう。営業時間中の緊急事態であれば速やかな検討も対応も可能ですが、夜間や休日などの場合は初動対応をどうするかを事前に定めておく必要があります。通信が正常で連絡が取れるようであればさほど問題はありませんが、大地震など通信不通となるような緊急事態が生じた場合、原則として出勤させるのか、自宅待機とするのかという点は明らかにしておく必要があります。

例えば、病院などの医療関係、放送局などのマスコミ関係、電気・ガス・水道などのインフラ関係、また、緊急時対応が必要な公務員などの場合は、連絡が取れないような事態が生じた場合は原則出勤することが求められますので、そのためのマニュアルを用意した上で、徒歩出勤の訓練を行ったりする必要があります。一方、その他の一般企業の場合は、連絡が取れない場合は原則自宅待機とし、役職者や中核事業を維持する少数の緊急時要員のみ出社を義務付けるというケースが多くなります。

　重要なのは、会社からの指示を仰げない事態になった場合、各従業員にどのような行動を取らせるのかを前もって決めて、周知し、訓練しておくことです。この対応についてはBCP書類としてまとめておくだけでなく、各従業員にカードとして携帯させるなどしてもよいでしょう。

緊急避難の判断

　大地震発生時の津波危険区域や、噴火発生時の火砕流／溶岩流などの到達区域など、緊急避難をしなければ生命に危険が生じる場所に自社が立地する場合、初動対応の最初に避難行動を開始する必要があります。そのため、次のような準備をしておく必要があります。

- 緊急持ち出し品の事前配布
- 避難ルートの検討・周知、及び避難訓練の定期実施
- 重要書類や重要データをすぐに持ち出せるようにする準備

　今後の発生が想定されている南海トラフ地震などの場合、地域によっては地震発生から数分で大津波が到達する可能性があります。また、火山の噴火においても火砕流や土石流／融雪型火山泥流などは火口に近い場合、短時間で到達する恐れがあります。災害想定を行った際にこうした自然災害の発生が高いと予想されている場合は、特に素早い行動を起こすための準備が必須となります。津波も火山も心配がないという地域の場合でも、竜巻の発生、大規模な火災や事故の発生などの可能性はゼロではないため、命を守るための緊急避難の準備は基本的に実施するべきでしょう。

POINT 緊急避難の準備について

　　　海からも川からも離れており、近所に崖も火山も、また工場も燃料タンクもないという場合は、緊急避難を必要とする災害が生じる可能性が低いと考えられます。このような場合で緊急持ち出し品を全従業員に配布するのがコスト的に厳しければ、優先度を下げて構いません。ただし、大地震はどこでも生じる可能性があり、大地震が生じれば火災が発生する可能性がありますので、火災を想定した屋外避難訓練と、万が一避難が必要になった場合のルート設定だけは、コストをかけずに実施しておくべきです。

経営資源の保護

　営業時間中に緊急事態が発生した場合、直ちに経営資源を保護する必要があります。BCPが発動された状態であれば中核事業の復旧対応を優先的に行いますが、この時点ではまだ緊急事態の原因や被害状況などが不明であり、BCPを発動させるかどうかの判断がつかないため、特に対象は絞らず初動対応活動を行う必要があります。また、緊急事態の初期段階で被害の全貌が明らかになる場合は、つまりその程度の事態であると考えられます。本当に深刻な事態の場合は、まず情報が集まらないため、「情報がないことが情報」という考えで、最悪の事態を想定した初動対応を行う必要があります。

　初動対応において最も重要なことは、もちろん従業員の生命を守ることですが、それだけではなく大きく4つの事柄を意識して対応します。

①人命を守る

　緊急事態の発生と同時に人命に危機が生じるような事態としては、大地震が該当します。基本的に事前防災を施しておくべきですが、100％被害を防止することはできないため、事後対応の準備もしておきます。具体的には、救助活動と応急手当のための道具やマニュアルを用意しておくことです。

②設備を守る

　大地震のように緊急事態の発生と被害のピークが同時に来るような災害リス

クに対しては、人命同様、事前防災を万全にするしか方法がありませんが、大雨による洪水や火山の噴火による降灰など、徐々に被害が大きくなっていくような災害リスクに対しては、状況に合わせて被害を大きくしないための対策の準備が必要となります。河川の近くに自社の工場や店舗があり、数十センチ〜数メートル程度の浸水が予測されている地域の場合などには、緊急時対応フローに従って、第6章「個別対策計画」に基づいて用意した土嚢や止水板を設置したり、重要機材を高い場所へ移動させたりするなどの対応が必要です。

③信用を守る

　自然災害以外のリスク、例えば自社を原因とする不祥事や事故などが生じた場合、適切な対応を取らなければ自社の信用を大きく損ない事業継続に対する大きな障害となってしまうことが考えられます。個別具体的な対応は状況を調査した上で検討する必要がありますが、初動対応としてまず行うべきなのは、自社がその状況を把握しており事態の調査に努めていると内外に知らしめておくことです。外部からの連絡先の一本化、従業員への対応方法の周知、重要な取引先への連絡、また自社のウェブサイトに状況を把握中である旨の文章を掲載することなどが考えられます。

　自社内で不祥事が生じた場合や、突発的な災害や事故に巻き込まれた場合、主要な取引先などとは電話でやりとりをすることになりますが、その他の顧客や対個人向けサービスを提供している業種の場合は、基本的に自社のウェブサイトを通じて自社の状況が閲覧されることになります。自社からの公式発表以外の場所で情報が錯綜することは避けるべきで、また、第一報についてはできるだけ早く公開することが望ましいため、緊急時にウェブサイトを更新するためのマニュアルは用意しておきましょう。更新作業を外部業者に委託している場合は、あらかじめ緊急時の更新内容を数パターン用意しておき、即座に差し替えてもらうことができるように打ち合せをしておくことが重要です。

④被害の拡大を防ぐ

　自然災害あるいは自社を原因とする人為的な災害の場合、被害が外部へ拡散しないような対応を初期に行っておく必要があります。特に火災などは初期消

火ができるかどうかで被害の規模が大きく変わってきますので、自社の経営資源を守る対応と同時並行で、それ以上災害の規模を大きくしないための活動が必要です。この際にまず行うべきは消防や警察への通報ですが、大地震などの広域災害時には連絡がつかないことが想定されるため、自社で初期消火などを行えるように設備を整えておくことが必要となります。また、自社の工場や設備が爆発事故などを起こし、近隣住民の避難などが必要な場合は、速やかに誘導などを行います。

様式25. 緊急時ウェブサイト更新マニュアル

対象サイト	自社サイト
URL	http://www.
管理者	制作会社○○
連絡先	○○県○○市○○町 1-2-3 xxx-xxx-xxxx info@xxxxx.com
緊急時の基準	・自社所在地に震度5強以上の地震が発生した場合 ・自社所在地に気象特別警報が発令された場合 ・その他緊急事態と認められる場合
対応内容	自社サイトのお知らせ欄を緊急通知に更新する
解除要件	自社より連絡をした場合

♻ 緊急時・初動対応フローをまとめる

　以上のような視点で、自社における緊急時対応をまとめ、どのように行動すべきかフローチャートなどにまとめておきましょう。このフローチャートは緊急時に閲覧するBCPの最初に記載するものになり、意思決定者層やBCP担当者が不在の場合は他のメンバーが閲覧して判断を下さなければならないため、分かりやすく簡潔にまとめておくとよいでしょう。フローチャートの考え方をまとめた例を次ページに紹介します。

図：緊急時・初動対応フロー

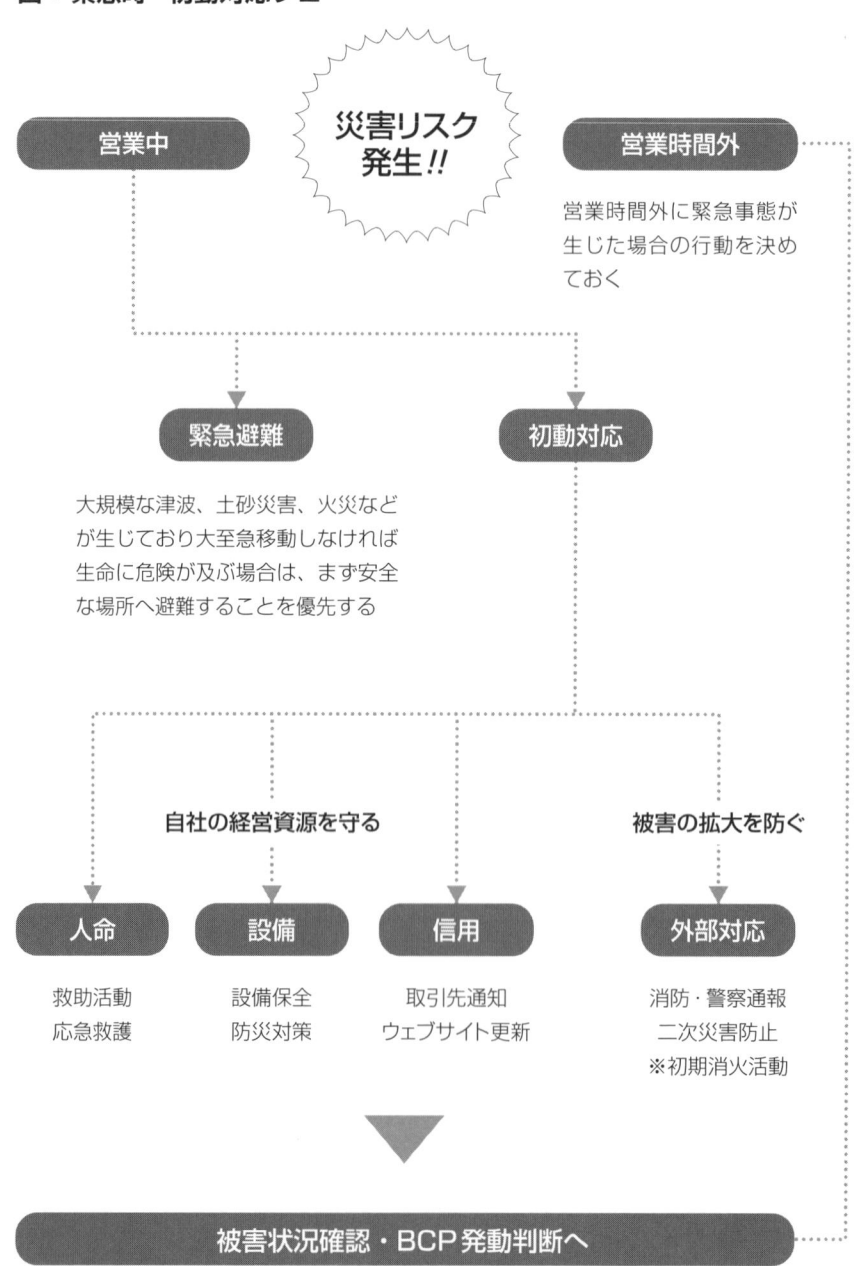

災害リスク発生!!

営業中

営業時間外
営業時間外に緊急事態が生じた場合の行動を決めておく

緊急避難
大規模な津波、土砂災害、火災などが生じており大至急移動しなければ生命に危険が及ぶ場合は、まず安全な場所へ避難することを優先する

初動対応

自社の経営資源を守る

- 人命
  救助活動
  応急救護

- 設備
  設備保全
  防災対策

- 信用
  取引先通知
  ウェブサイト更新

被害の拡大を防ぐ

- 外部対応
  消防・警察通報
  二次災害防止
  ※初期消火活動

▼

被害状況確認・BCP発動判断へ

作業28
緊急時の状況確認の事前準備

　次に状況確認を行います。明らかに被害が小さく、深く調査をするまでもなく通常業務への移行が可能であれば、BCPの発動は不要です。状況を落ち着かせながら通常業務へと移行しましょう。一方、ぱっと見の判断が難しい場合は、対策本部を設置して被害状況の確認に努めます。対策本部といっても会社の規模により体制は異なります。社員数名の会社であれば「どうしようか？」と集まって話をすること自体が対策本部であり、復旧活動そのものになりますし、数十名規模の会社であってもせいぜい会議室かミーティングスペースに社長以下数名が集まって状況整理に努めるということになります。

　ここで確認するのは、従業員の安否・現在地・出勤可否情報、オフィスや建物全体の被災状況、そして、中核事業の経営資源の状況です。必要な経営資源がそろっているか、目標復旧時間以内に再稼働できるかどうかを確認します。状況確認時にチェックシートとして使用できるよう、守るべき対象として定めた経営資源を一覧にしておくとよいでしょう。リストに載っている全ての経営資源が使えるようであれば中核事業の再開は問題なし。一部の経営資源が目標復旧時間以内に使えるようにならないのであれば、緊急体制へ移行する必要があります。

　どのような災害が生じた場合にBCPを発動させるのか、一定の基準を定めておく必要はありますが、基本的な考え方としては、

- 中核事業が停止した、または、操業が始められない
- 目標設定時間以内に事業を開始するめどが立たない

などの場合にBCPを発動させます。

　このとき、

- 震度6弱以上の地震が発生した際
- 新型インフルエンザのパンデミック宣言が出された際

などの目安を設けておいてもよいのですが、明確な基準を設けてしまうと、これらに該当しない場合に行動できなくなってしまいます。基本的には、就業時間中の目安と、就業時間外の目安に分けた方がよい

でしょう。就業時間中であれば事業が停止することが目安になりますし、就業時間外の場合は基本的に安否確認と出勤確認を行ってから判断することになります。安否確認すら取れない状況であれば、基本的にBCPを発動することになるでしょう。

> **作業28｜緊急時の状況確認の事前準備**
>
> **用いるワークシート・資料**
> ◆様式27：被害状況確認シート（P.196）
> ◆様式26：対策本部設置手順シート（P.193）
>
> **作業手順** ▶状況確認に必要な手順をフローにまとめる
> ▶各種のリストやマニュアルを整備する
> ▶自社の従業員や取引先に対応の周知をする

状況確認に必要な手順をフローにまとめる

　非常時における初動対応を行う一方、同時にBCPが必要になるかどうかを判断するための状況確認を行います。詳細な被害状況の確認を行うためには人手と時間が必要なため、まずは対策本部の設置をするかどうか（かなり危険な緊急事態として対応するかどうか）を判断し、そこで緊急事態と判断されたら詳細な状況確認を行います。状況確認の結果、通常業務と並行して復旧させることができそうであればBCPの発動は不要ですが、それが難しい場合、すなわち、目標復旧時間以内に中核事業を目標復旧水準で再開させることができないと判断される場合には、BCPを発動して、手順に従った仮復旧・本復旧を行うことになります。

　状況確認のフローも初期対応と同様、会社により内容が異なりますが、ここでは基本的な考え方について説明します。最初に状況確認フェーズにおける各手順の流れを右ページに図示しますので、参考にしてください。

図：緊急時対応・状況判断フロー

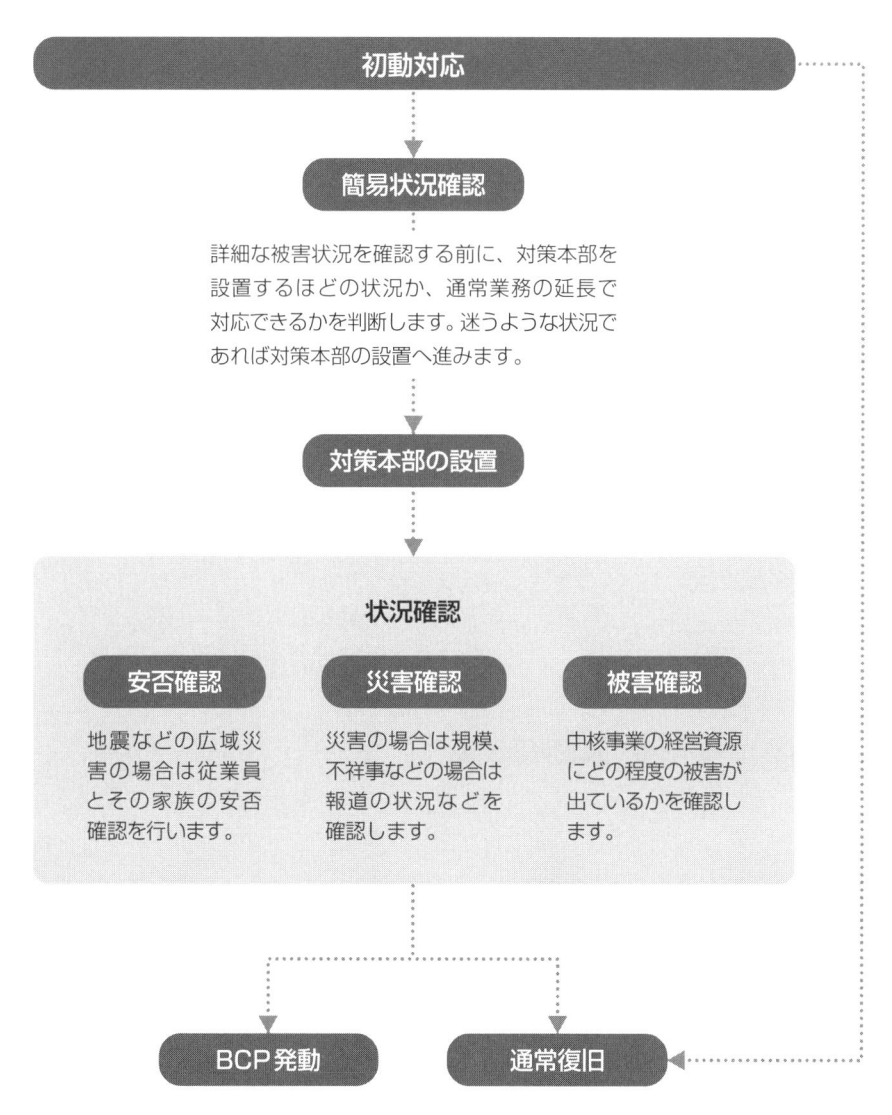

初動対応

↓

簡易状況確認

詳細な被害状況を確認する前に、対策本部を設置するほどの状況か、通常業務の延長で対応できるかを判断します。迷うような状況であれば対策本部の設置へ進みます。

↓

対策本部の設置

↓

状況確認

安否確認
地震などの広域災害の場合は従業員とその家族の安否確認を行います。

災害確認
災害の場合は規模、不祥事などの場合は報道の状況などを確認します。

被害確認
中核事業の経営資源にどの程度の被害が出ているかを確認します。

↓

BCP発動 / **通常復旧**

状況確認の結果、通常業務と並行して復旧が可能な場合、具体的には「普通に」目標復旧時間以内の復旧が可能な場合は通常復旧を、難しい場合はBCPを発動させて人員などを中核事業の仮復旧へ割り当てます。

↻ 簡易状況確認

　緊急事態が生じても、事業に影響がなかったり、被害があったとしても通常業務の延長で復旧が可能であれば、BCPの発動は必要ありません。震度5弱の強い揺れに襲われてデスクのコーヒーがひっくり返ると大惨事ですが、おそらく事業継続には影響がありません。大雨による浸水で営業車が水没してしまうと大損害ではありますが、非常事態宣言はおそらく不要です。本格的にBCPを発動させるかどうかの判断にはある程度詳細な状況調査が必要ですが、全ての緊急事態にこれを行う必要はありません。

　まずは簡易的に確認をし、対策本部を設置して被害状況の調査を行うほどの状況であるかどうかを判断します。といっても難しいことはなく、中小企業の場合、簡易確認はおなじみの「高度な経営判断」（経営者の「エイヤ！」という掛け声）で十分です。災害発生から十数分〜数時間程度の段階で簡易確認を行いますが、この時点で集まった情報を基に、「多分残業でいけるでしょ」とか「悪いけど週末に出てもらえる？　代休を取っていいから」という程度の被害であると思われる場合は、通常業務に戻ることになります。一方、大地震の発生で明らかにオフィスがぐちゃぐちゃになっている場合や、インフラが停止しているなどの事態では、対策本部を設置して詳細な状況確認をします。

POINT　中小企業の非常対策本部

　非常対策本部というと壁一面にモニターやスクリーンが配置された地下室で、ヘルメットと作業服を着た人たちがさっそうと指示を出すというイメージがありますが、現実的には会社の会議室とか、オフィスの一角などにホワイトボードやA3コピー用紙を広げて状況を判断するという場面が想定されます。また、対策本部長や事務局長をはじめ、各部署の責任者が一堂に会してという状況が望ましいのですが、人員に余裕がない場合は、経営者なりそれに準じる人が本部長兼事務局長兼現場責任者という形で、平時とそれほど変わらない体制で指示を出すなど、状況判断がきちんと行えるのであれば体制はどのようなものでも構いません。

様式26．対策本部設置手順シート

設置拠点	本社会議室
拠点住所	〒xxx-xxxx ○○県○○市○○町1-2-3
拠点連絡先	TEL　xxx-xxx-xxxx Mail　info@xxxxx.com
立ち上げ責任者	○○一郎 ○○二郎
本部機材	・ホワイトボード / マーカー / コピー用紙 / 付箋紙 / 電卓 ・ノートPC/ 予備バッテリー / モバイルルーター ・携帯ラジオ / ワンセグ端末 ・被害状況確認シート / 緊急時対応マニュアル
本部入りするメンバー	○○一郎、○○二郎、○○三郎

●対策本部の設置

　緊急時の被害が大きそうで詳細な状況確認が必要であると思われる場合には、非常対策本部を設置して今後の指揮を執る体制を整える必要があります。緊急時における状況確認、また、BCPを発動して行う復旧活動は、全社を横断して指示を出したりさまざまな調整をしたりする必要があるため、平時の部署構成や指示系統とは異なる、緊急事態専用の指示命令を出せるチームを組織する必要があります。緊急時は通常時と比べてはるかに多くの情報を短期間で処理し、判断し、指示を出していく必要があるため、日常の業務とは切り離して緊急事態だけに対応することができる環境を整える必要があるのです。

POINT　対策本部の設置と併せてトイレの設置を行う

　電気や水道などのインフラが停止しているような緊急事態が生じた場合は、基本的に対策本部を設置して状況確認を行うことになりますが、この際に併せて実施すべきなのが簡易トイレの設置です。水や食料の配布は多少遅れたとしても即座に問題が生じる

ことはありません。しかし、トイレの需要は発災直後から発生するもので、時間と共に高まります。上下水道が正常であればトイレの準備は不要ですが、大地震によりインフラが利用できなくなった場合、準備を行っていない状態で無理やりトイレが利用されると、その後の運用や衛生管理が難しくなります。

屋外や体育館などの避難所では仮設トイレやテントとセットになった非常用トイレが用いられますが、オフィスの場合、安全が確認できているなら建物のトイレの個室を利用するのがよいでしょう。洋式便器にかぶせるタイプの非常用トイレを用いることで、スペースやプライバシーの問題が解決できます。個室の数が多い場合は、非常用として用いるブース以外は全て使用禁止にすると管理しやすくなります。間違ってもトイレを設置する前に水や食料を配布することがないようにしてください。また、設営までの時間を稼ぐため、普段から各社員のデスクやトイレ内に、ポータブルタイプの非常用トイレを常備しておくことも有効です。

状況確認

対策本部を設置したら速やかに状況の確認を行います。確認するポイントはさまざまですが、大きく３つに分けられます。従業員とその家族の安否確認、災害状況の確認、そして社内・社外の経営資源の被害状況の確認です。

①安否の確認

非常時における状況確認で最も重要なのは、安否の確認です。特に中小企業の場合、属人的に業務や情報を握っていることが多く、担当者がいるかいないかで仮復旧の速度が大きく異なってきます。人さえいれば何とかなりますが、逆に人がいなければどうにもならなくなるという場合が多いため、まずは全従業員の安否確認を行います。また、業務時間中に大地震などの広域災害が発生した場合は、従業員を事業所にとどめるためにも家族の安否確認を行う必要があります。

②災害状況の確認

　安否確認と並行して、どのような災害が発生していて今後どのようになりそうなのかという被害状況の確認をします。自然災害であれば各地の被害状況、二次災害に関する状況、インフラなどの状況について、テレビやラジオ、インターネットなどを使って情報収集をしますが、実際には、電気が使えてテレビやインターネットが閲覧できる状況であればそれほど深刻な被害にはなっていません。それより、あらゆる情報網が寸断されているような状況を想定した情報収集の準備が重要になります。停電し、ネット回線も不通の場合には、携帯ラジオによる情報収集か目視しか手段がありませんので、乾電池で作動するラジオと、見回りをするための手段について検討しておきましょう。

　また、自社の不祥事、重要な取引先の危機、また自社が把握していない情報がネットなどに流出しているような緊急事態の場合も、今どのような情報が、どの媒体を通じて、どのように報じられているのかということを全力を挙げて収集します。この場合、経営資源やインフラは基本的に無事なはずですので、テレビやラジオの閲覧、ウェブ検索に強い従業員によるインターネット情報の集約を行い、外部からの問い合わせ電話に対応するためのトークスクリプトの作成や、自社サイトや自社のソーシャルメディア（Facebookページ、Twitterアカウントなど）で公式見解を流せるようにする必要があります。

③被害状況の確認

　さらに、被害状況の確認を並行して行います。人の状況は安否確認を行いますので、自社の経営資源について、設備や機器、そして各種の情報が無事であるかどうかの確認を行い、外部経営資源については取引先への状況確認連絡、必要となる外部業者やITサービスの稼働状況の確認、各種インフラの状況確認を行います。この際、あらゆる経営資源についての確認を行う必要はなく、あくまでも中核事業の復旧に必要な最低限の経営資源に関する被害状況の確認から行います。あらかじめ様式27の被害状況確認シートを用意しておき、迅速に被害状況の確認が行えるようにしておきましょう。

様式27. 被害状況確認シート

経営資源				被害状況		目標復旧時間	代替資源
				復旧見込み	被害状況詳細		
内部資源	人・従業員	営業部				90日	○
		共通スタッフ				90日	○
		A店舗スタッフ				60日	○
	建物・設備	建物	本社			6カ月	△
			A店舗			6カ月	△
		設備・機材	PC			1週間	○
			複合機			5日	○
			商品棚			1カ月	×
		消耗品				1日	×

↻ BCP発動判断

　状況確認を行った結果、目標復旧時間以内に、目標復旧水準の業務を再開することができそうだということが分かれば、対策本部を解散（会議室を普段通りに復旧）して、通常業務と並行して復旧作業を行います。一方、普段の体制での復旧が難しそうだと判断された場合、ここで初めてBCPを発動させて中核事業の復旧に全社の経営資源全てを集中させることになります。この場合、普段と異なる業務を普段と異なる従業員に行わせることもありますので、第6章「個別対策計画」で用意した再調達計画のマニュアルや手順書を基に、個別の指示をしていく必要があります。BCP発動体制と対策本部は、通常業務の延長で業務復旧が行えるようになるまで維持します。

作業㉙
仮復旧の事前準備

　状況確認の結果、通常業務の延長の対応では目標復旧水準の業務を目標復旧時間以内に再開させることが難しそうだと判断された場合、

BCPを発動、すなわち非常事態宣言をした上で、人をはじめとする使用可能なリソースを全て中核事業の仮復旧に投入し、できるだけ早い事業の再開を目指した行動をします。目標復旧水準の業務に用いる経営資源を全て再調達することができれば、事業を再開させることができます。

各個別防災対策カードに手作業による業務代替の方法、経営資源の代替方法、再調達の手順などを記載しています。緊急時にこの個別防災対策カードを見れば仮復旧が行えるように手順書としてまとめておきましょう。ここでまとめた内容は、緊急時の仮復旧マニュアルとして整理されて、ファイルにとじて保管されることになります。

作業29 │ 仮復旧の事前準備

用いるワークシート・資料
- ◆様式20：防災／再調達・事前対策管理シート（P.153）
- ◆様式13：中核事業カード（P.123）
- ◆様式14：重要業務カード（P.124）
- ◆様式16：経営資源カード（P.131）

作業手順
▶個別防災対策用の各カードでまとめている再調達計画を確認し、仮復旧対応として不足している項目があれば記述する
▶緊急時の仮復旧マニュアルとして活用できるように、読めば手順が理解できるような記述をする

内部経営資源一覧リスト（再調達計画）の整理をする

被害状況確認の結果、中核事業の経営資源の中に使用不能のものが生じている場合には、第6章「個別対策計画」で策定した経営資源に関する再調達計画を実施する必要があります。そのため緊急時対応の事前準備としては、再調達に関する手法などをまとめたドキュメントを整理しておくことが必要となります。経営資源は大きく内部資源、外部資源、共通資源に分けて考えていました

ので、ここではまず内部資源について必要な項目を説明します。必要な項目は会社によりまったく異なりますが、基本的には以下のような項目の資料をまとめることになるでしょう。

- 重要業務の一覧表（業務、担当者、内部資源の一覧）
- 各設備や機材の取り扱いマニュアル
- バックアップ情報をリカバリーする手順書

　仮復旧を行う際には、平時と異なり稼働率を抑えた最低限の業務で中核事業を回すことになりますので、ここで用意しておく経営資源の一覧や各種マニュアルも事業全てではなく、目標復旧水準の最小限の業務に絞ったものとします。BCPの発動が必要になるほどの緊急事態の場合、使える人もインフラも限定されますので、再開させる業務の量が多すぎると仮復旧の手順が増え、身動きが取れなくなる恐れがあります。目標復旧レベルを何段階かに分けておき、少しずつ再開できるように計画しておくとよいでしょう。

↻ 外部資源一覧リスト（再調達計画）の整理をする

　被害状況の確認で、商品や原材料の仕入れ、外部業者やクラウドサービス、また、各種のインフラが使用できないことが明らかになった場合、自社内部の経営資源の仮復旧と併せて外部資源の再調達を行うことになります。こちらも前項同様、第6章「個別対策計画」で定めた外部資源の再調達計画を緊急時の仮復旧ドキュメントとして整理をしておく必要があります。また、再調達を行う場合、本来の取引先や業者の事業が再開されれば、他社に替えるよりも早く復旧できますので、再調達の手配をするのと併せて外部サービスの復旧状況やサービス再開の見込みについて常に調査を行うようにしましょう。

- 取引先／仕入れ先の一覧表
- 外部サービス業者の一覧表、代替サービス業者の一覧表
- 電気／ガス／水道／ネット回線などのインフラ業者の一覧表

　外部資源が利用できない場合は、代替となる外部サービスへ乗り換えることもあり得ますが、自社内に在庫の積み増しをしておいたり、予備機材で乗り切

ったり、また、普段外注している作業を内部で行って対応したりと、内部資源へ一時的に置き換えて仮復旧を行う場合もありますので、そうした置き換えがスムーズに行えるよう準備をしておくことが重要です。基本的には手順書やマニュアルを整備しておくことがポイントになります。

作業30
本格復旧の事前準備

　最初の仮復旧を完了させて業務の再開を行ったら、段階を経ながら目標復旧水準を高め、最終的には完全復旧ができるように経営資源の再調達を進めていきます。かけ持ちで対応していた従業員の配置を正式にやり直し、代替設備でしのいでいた機器の修理を行い、絞っていた業務量を徐々に平常通りに戻していきます。また、中核事業を緊急事態に特化する事業へ切り替えていた場合は、どのタイミングで通常サービスへ戻すかを検討することになります。

作業30	本格復旧の事前準備

用いるワークシート・資料
◆様式13：中核事業カード（P.123）
◆様式14：重要業務カード（P.124）
◆様式16：経営資源カード（P.131）
◆様式23：復旧費用調達シート（P.176）

作業手順
▶個別防災対策用の各カードでまとめている再調達計画を確認し、本格復旧対応として不足している項目があれば記述する
▶復旧費用調達シートを用いて最大限に被害を受けた場合に必要となる費用を見積もっておく

↻ 経営資源の本格復旧の準備

　本格復旧の手順も、仮復旧の手順と同様、各個別防災対策用のカードに書き

込んでおきます。本格復旧の場合は代替調達ではなく新品調達や本格修理が基本になりますので、アイディアを練って対策を考えるというよりは、平時にその経営資源が失われた場合にどのような対応が必要かという当たり前の対応を書き込んでいくことになります。

　自社の事業全体が影響を受けるような大災害が生じた後は、中核事業以外の事業も大きな被害を受けていると考えられるため、本格復旧の範囲は中核事業だけでなく全社に及びます。しかし、ここまでの復旧作業の考え方同様、全ての経営資源を同時に新品で調達し直すことは現実的でないため、まずは中核事業で用いる経営資源からきちんと整備し、中核事業の操業を完全に回復させることができた後に、段階的にBCPで定めていない他の事業へ復旧作業を広げていくこととなります。

POINT　本格復旧手順は平時にもマニュアルとして活用できる

　各経営資源の本格復旧方法、新品調達の方法を経営資源カードにまとめた場合、緊急時だけでなく平時に機械や設備が故障した場合や、サービスの乗り換えを検討とする場合などにも使えます。BCPドキュメントの付属資料として、設備のマニュアル、購入時の見積書、保証書などをまとめて保管するようにすれば、社内の資産管理台帳代わりに使えるようになるため効率的です。

復旧資金の事前検討

　大規模な災害に襲われて多くの経営資源が被害を受けたり、長期間事業が停止したりした場合は、相応の復旧コストが必要となります。この全額を実際に被害を受けてから調達しようとすると大変な苦労をするばかりか、資金調達に失敗すると自社を倒産させてしまう恐れもあるため、ある程度の資金計画を事前に立てて、前もって行える資金繰り対策は実施しておくべきです。

　懇意にしている金融機関との事前協議、損害保険や利益保険への加入、小規模企業の場合は経営者自身の生命保険の加入など、いくつかの方法が考えられますので、最大限必要になる復旧費・事業停止期間の追加コストを求めておき、どの程度の資金が不足し、どの程度の調達をする必要があるかを確認しておき

ましょう。なお、手元資金の確保手段として生命保険の加入を紹介しているのは、死亡保険金を得るためではなく、生命保険契約を担保とした借り入れを想定しているためです。

👉「緊急時対応」は中小企業の場合にどう考えるか

　中小企業の中でも、経営者がワンマン社長であり全ての権限が集中していたり、普段から業務指示を出さなければあらゆる行動が行われなかったりという企業の場合、緊急時においてはなおさらこの傾向が強まる可能性があります。従って、緊急時対応の流れを策定する必要性が高くなります。

👉「緊急時対応」の用語解説・一般的な手法

　どのようなBCPを策定する場合においても緊急時対応は必要になるため、一般的な緊急時対応フローの見本が提供されていることが多くあります。そうしたフローやテンプレートを参考に、自社向けにカスタマイズしてまとめればよいでしょう。

👉「緊急時対応」の次に行う項目

　緊急時対応をまとめたら、BCP策定作業もいよいよ大詰めとなります。最後の仕上げとして、まず「BCPの書類化」すなわちドキュメント作成の作業へ進みます。

8章 BCPの書類化
～BCP計画のドキュメント化作業～

BCPの書類化は狭義のBCPそのもので、各種計画を非常時に活用できるよう、また、保守運用が容易になるように、整理して紙の書類としてまとめます。紙に印刷する際には耐水性のコピー用紙を使うと屋外や劣悪な状況の使用にも耐えられます。

●「BCPの書類化」を実施する目的

策定したBCPを書類化する目的は、緊急時に活用しやすくすること、そして、保守・運用をしていく際にメンテナンスを行いやすいようにすることです。ここまでの各項目は、分析や計画策定をばらばらに行うため、これらを緊急時の対応フローに沿って頭から順番にまとめておくことで、緊急時に使えるようにします。なお、停電時にも使えるように、書き込みができる紙に印刷してファイルにとじておくようにしましょう。メンテナンスをしていく際にも書類がまとまっていなければ探し出すだけで苦労してしまう恐れがあります。

●「BCPの書類化」を実施しない場合のデメリット

BCPの書類化をしない場合、救助用品や備蓄品を管理する事前防災対策、経営資源を個別に守る事前防災対策と再調達計画、そして緊急時対応フローがばらばらに存在することになるため、一刻一秒を争う緊急事態が生じた際に必要な書類やマニュアルが見つからず、時間を無駄にしてしまう恐れがあります。連絡先一覧表や備蓄用品の管理表など定期的に手入れをする必要がある書類も、まとめておかなければメンテナンスが大変になりコストがかさみます。

↻「BCPの書類化」を実施する場合のメリット

緊急時に閲覧しやすい形式でBCPの内容をまとめ、ファイリングしてすぐに取り出せるようにしておくことで、災害時の貴重な時間を無駄にすることなく、事前の計画に従って被害状況の確認やBCP発動判断、仮復旧を行うことができます。また、平時に運用が必要な各種一覧表についても、きちんと整理してすぐに開くことができるとメンテナンス性が高まり、無駄な時間を使わずに最新状態に保つことができます。

↻「BCPの書類化」の本質や意味は何か

BCP策定の形式的なゴールは書類を作成することですので、書類化という項目は必須となります。「BCPを作りましょう」と言えば、テンプレートなどを埋める形でBCPドキュメントを作ることを指すことが大半ですから、そういった意味では、この書類化という項目がゴールになります。しかし、形式としてのBCP策定ではなく、緊急事態に備えるためにBCP策定を行いたい場合は、書類化はゴールではなく過程の1つですので、ここまでの作業を順を追ってきちんと実施することが重要です。

↻「BCPの書類化」はいつ実施するのか

BCP策定に関する計画部分の項目が完了したら、それらをまとめる意味で書類化の作業を行います。事前防災対策、個別防災対策、再調達計画などで物理的な対策を施す場合は、それらの作業と並行して実施することになります。ただし、実際には各項目をまとめる段階でドキュメントを用いながら実施しているため、この段階で全ての書類を書き直すのではなく、1つにまとめるというイメージを持ってください。

↻「BCPの書類化」は誰が行うのか

書類化の作業はBCP担当者が中心となって進めます。個別防災対策や再調達計画は現場担当者の協力が必須ですが、BCP全体のドキュメント化作業は、それらの書類をまとめてBCP担当者が復習する意味でも、現場担当者の意見を聞きながらまとめた各項目を取りまとめるとよいでしょう。ただし、従業員の連

絡先一覧表や備蓄一覧表など、BCPを書類化した後にメンテナンスが必要で、BCP担当者ではなく総務担当者に引き継ぐような書類については、書式やフォーマットについて運用担当者の意見を聞いてまとめた方がよいでしょう。

↻「BCPの書類化」に費用はどの程度かかるのか

　BCPの書類化にかかる費用は、印刷代とファイル代程度です。ここまでに作成した計画や書類をまとめることが主な作業になりますので、この項目で特別な費用が必要になることはありません。

↻「BCPの書類化」の期間はどの程度必要か

　BCPの書類化は、ここまでの作業で全ての書類が完成している場合、ファイルにまとめていく作業が中心となりますので1週間程度で完了します。一方、ここまで書類作成をあまり進めてこなかった場合は、この段階で改めて作成することになりますので時間が必要です。特に経営資源のリストアップ作業や個別防災対策・再調達の計画が書類にまとめられていない場合は、現場担当者の話を聞きながら書類化をする必要があるため時間がかかります。

「BCPの書類化」の進め方

　ここまで個別にまとめてきた各種ワークシート・資料をまとめてBCPドキュメントとして整理します。BCP作成の目的が融資を受けるための金融機関向け提出書類の作成であったり、親会社からの要請を受けての書類作成であったりするなど書類作成が目的である場合には、定められた書式に従って作成します。一方、BCP作成の目的が純粋に自社のリスクマネジメントの一環であったり、経営改善を目的とする場合、書類作成はゴールではなく通過点にすぎないという点に注意が必要です。

　BCPを書類にまとめるのには、いくつか理由があります。
- 書類にまとめた方が緊急時に使いやすいから
- 書類にまとめた方が運用管理がしやすいから
- BCP書類を作るよう要請されているから

特に重要なのは1番目の理由です。BCPが必要な状況というのは、平常ではない緊急事態です。停電していればパソコンなどからドキュメントを引っ張り出すことはできませんし、大急ぎで手順を確認しなければならないときにばらばらになっている検討資料を1つずつ集めるのはあまりに非効率です。そのため、緊急事態が発生してから仮復旧が完了するまでの手順全てを、1冊のドキュメント、ファイルなどにまとめておき、非常事態が生じた際に即取り出してその場で使えるようにしておくことが重要です。

また、BCPは作って終わりではなく、従業員の退職や入社、設備の購入や廃棄、取引先の新規開拓や取引終了など、あらゆる経営活動が行われるたびに情報を更新し、メンテナンスし続ける必要があります。この際に「せっかく作ったBCPだから製本して表紙を付けて入り口に飾っておきましょう」などとしておくと、電話番号1つ書き換えることすらできなくなってしまいます。そのため、メンテナンスがしやすい形式、ページ単位で印刷して差し替えられるようなファイルになっていることが望ましいのです。

作業31
緊急時対応マニュアル（BCP本体）のまとめ

実際に緊急事態が生じた際に用いることになる、緊急時対応マニュアルをファイルとしてまとめます。以下の作業工程に記載する様式と、その他必要な図面をすぐに取り出せるように準備しておきます。緊急時対応マニュアルは停電時を含む非常時に用いるものですので、必ず紙のファイルで用意しておき、また保守・運用で内容を更新したらそのページのみ差し替えを行えるようにしておきます。

作業31	緊急時対応マニュアル（BCP本体）のまとめ
用いるワークシート・資料	◆下記参照
作業手順	▶BCP本体となる各章のテンプレートをまとめる
	▶整理してファイリングする

●緊急時対応マニュアル―初動対応（全社共通）
様式24：緊急時対応管理表（P.183）
様式5：救助用品／応急救護用品一覧表（P.86）
様式6：避難計画シート（P.89）
様式7：防災備蓄用品一覧表（P.93）
様式25：緊急時ウェブサイト更新マニュアル（P.187）
資料：避難地図（ハザードマップ）
道具：緊急避難用グッズ

　初動対応に必要な緊急時対応マニュアルは、上記のワークシートをまとめてファイルにとじます。災害によっては大至急の避難やけが人などの救助が必要となる場合もあるため、初動対応に不要な資料は除外し最小限の構成としましょう。なお、この初動対応マニュアルは、BCPで対応する中核事業や災害リスクの種類を追加し、新しいBCPを作成した場合でも内容が変更されることはありません。基本的に事前防災対策の延長で作られたマニュアルになりますので、BCPの発動に関係なくあらゆる緊急事態で用いることになります。

●緊急時対応マニュアル ―状況確認（おおむね共通）
様式26：対策本部設置手順シート（P.193）
様式27：被害状況確認シート（P.196）
様式8：従業員連絡先一覧表（P.100）
様式9：緊急情報カード（個人情報収集に関するアンケート）（P.101）

　状況確認に必要な緊急時対応マニュアルは、上記のワークシートをまとめてファイルにとじます。対策本部を立ち上げ被害の状況を確認したり安否確認を行う際に用いる資料です。「様式27：被害状況確認シート」はBCPの種類ごとに内容が差し替わりますが、その他の様式は初動対応マニュアル同様、BCPの種類に関係なく全社共通となりますので、BCPの種類を追加した場合は被害状況確認シートのみを差し替えます。

●緊急時対応マニュアル―仮復旧・本復旧（BCPごとに作成）

様式13：中核事業カード（P.123）
様式14：重要業務カード（P.124）
様式16：経営資源カード（P.131）
様式21：復旧費用算定シート（P.174）
様式22：事業中断時キャッシュフロー算定シート（P.174）
様式23：復旧費用調達シート（P.176）
資料：各種設備のマニュアル・重要書類など

　仮復旧および本復旧を行う際に参考とする資料です。この段階では1分1秒を争う状況ではなくなっていますが、従業員が出社できていなかったり、建物や設備が破壊されていたり、インフラが途絶していたりと、使える経営資源が限られるため、やはり紙のマニュアルとして用意しておくことになります。また、仮復旧・本復旧の手順はBCPの種類ごとに異なってくるため、この緊急時対応マニュアルはBCPの種類の数だけ作成しておき、生じた災害による被害状況に近いものを参照しながら復旧作業を行うことになります。

作業32
BCP策定資料のまとめ

　BCP策定の前提とされた資料は、BCPの保守・運用においてBCPのバリエーションを増やす際などに用いることになります。緊急時には必要ありませんので、マニュアルとして整備したりファイルにとじたりする必要はありません。しかし、BCPを振り返る際の前提資料として必要となりますので、経営資源の特定（BIA：事業影響度分析）や災害リスク評価（RA：リスクアセスメント）で使用した用紙、なぜその中核事業を選んだのかという議論の経過、ハザードマップ（防災マップ）などはまとめておき、新しい事業を始めた際、重要な取引先が替わった際、事業所を移転した際などに閲覧し、再度検討できるようにしておきます。どういう根拠でこのようなBCP本体ができあがったのかを振り返られるようにまとめておきましょう。

| 作業32 | BCP策定資料のまとめ |

用いるワークシート・資料 ◆下記参照
作業手順 ▶下記のワークシート・資料を集める
　　　　　　▶後日振り返ることができるようにまとめて保存する

●BCP策定資料

- 災害想定

様式3：災害リスク想定シート（P.75）
資料：ハザードマップ他

- 経営資源の特定（BIA：事業影響度分析）

様式10：事業中断による影響度分析シート（P.113）
様式11：重要業務の洗い出しシート（P.116）
様式12：事業中断の期間別影響度分析シート（P.120）

- 災害リスク評価（RA：リスクアセスメント）

様式17：経営資源の再調達時間・代替の可否（P.139）
様式18：経営資源×災害リスク　被害想定シート（P.142）
様式19：BCP個別対策優先度シート（P.145）

　BCP策定資料は、BCPの保守・運用段階へ移行した後、後日新しいBCPを策定する際に資料として活用したり、既存のBCP内容の見直しを行ったりする際の基礎資料として用います。緊急時に使う資料ではないため、紙のファイルとして出力をする必要はありません。パソコンなどで保管しておき、いつでも閲覧できるようにしておけば十分です。

作業33
BCP保守・運用マニュアルのまとめ

　このマニュアルも非常時には不要で、緊急事態にBCPがきちんと機能するようにメンテナンスするために用います。このドキュメントのまとめ方が悪いとメンテナンス性が悪くなり、保守・運用がさぼりがちになってしまいますので、きちんと整備しておきましょう。

作業33｜BCP保守・運用マニュアルのまとめ

用いるワークシート・資料
　◆様式28：BCP様式一覧表（P.210）
　◆下記の様式
作業手順　▶以下のワークシート・資料を集める
　　　　　　▶BCP保守・運用の計画を立てて運用する

　BCPの保守・運用を行うために、まずは管理する書類の一覧表を作成し、保守・運用ファイルの表紙として利用すると便利です。これは緊急時にファイルを探すためのものではなく、平時に書類の更新をしたり、定期的に見直しをしたりするための管理表です。設備を入れ替えた際に更新が必要な経営資源の管理表、定期的に更新が必要な連絡先一覧や備蓄品のリスト、また、訓練／演習の計画シートなど、定期更新が必要な書類については更新日と状況を書き込めるようにして、保守が行いやすくなるようにしておきましょう。

● BCP保守・運用
・BCP全般の管理
様式28：BCP様式一覧表（P.210）
様式1：BCPプロジェクト担当者一覧（P.51）
様式2：BCP策定スケジュール（P.54）
様式15：経営資源一覧表（P.128）
様式31：従業員別　防災・BCP訓練受講管理表（P.229）

・事前対策の管理
様式4:事前防災対策管理表(P.83)
様式20:防災/再調達・事前対策管理シート(P.153)

・訓練/演習の管理
様式29:テスト/演習評価シート(P.217)
様式30:テスト/演習改善内容管理シート(P.217)
様式32:BCP一覧表(P.232)

　これらのドキュメントも非常時には不要なものですので、紙に印刷してファイリングをしておく必要はありません。BCP策定資料と併せてパソコンで管理するようにしましょう。

様式28. BCP 様式一覧表

種別	大項目	様式番号	様式名	更新頻度	過不足資金
緊急時対応マニュアル	初動対応	様式24	緊急時対応管理表	1年	YYYY/MM/DD
		様式5	救助用品/応急救護用品一覧表	6カ月	YYYY/MM/DD
		様式6	避難計画シート	1年	YYYY/MM/DD
		様式7	防災備蓄用品一覧表	6カ月	YYYY/MM/DD
		様式25	緊急時ウェブサイト更新マニュアル	1年	YYYY/MM/DD
	状況確認	様式27	被害状況確認シート	BCP更新時	YYYY/MM/DD

☞「BCPの書類化」は中小企業の場合にどう考えるか

　BCPはISOの取得や各種許認可の申請と異なり、定められた書式やフォーマットがあるわけではありませんので、基本的に自社が使いやすいようにまとめればよいのです。親会社や取引先にBCPドキュメントを提出するなどの目的がある場合は、ある程度形式的な部分をまとめたり、または提出先の書式に従って作成する必要がありますが、そうでない場合は「緊急時に使いやすいかどうか」「日ごろのメンテナンスが行いやすいかどうか」を意識して作成すればよいでしょう。立派な装飾のファイルにとじる必要はありませんが、防水ファイルにとじておくのは有効です。

　なお、ISO 22301（事業継続マネジメントシステム）を取得する場合はその様式に従いますが、少なくとも本書では想定外としています。

☞「BCPの書類化」の用語解説・一般的な手法

　一般的なBCP策定のガイドラインやテンプレートでは、雛形を埋めるという形で行われるBCPドキュメントを作成する作業そのものが「BCP」とされることが多いです。成果物が書類であるからこうなってしまうのですが、書類作成をゴールとしたBCPは、緊急時の対応力が強化されないため意味がありません。

☞「BCPの書類化」の次に行う項目

　BCPの書類化作業までが完了したら、次に「有効性確認」のためのテストを実施します。

9章 有効性確認
～BCPの実行確認テスト～

作成したBCPが有事の際にうまく機能するか事前にテストしておき、不備があれば修正をし、不足があれば追加して、BCPを完全な状態にするために繰り返し行う項目です。

↻「有効性確認」を実施する目的

BCPの有効性確認を行う目的は、緊急事態が生じてBCPが発動された際、目標復旧水準の業務を目標復旧時間以内にきちんと再開できるよう、不足する対策や緊急時対応フローの不備をあらかじめ見つけておくことです。テストを行った結果不備があれば修正し、不足する対策があれば追加をし、緊急時にBCPが想定通り機能するように整備しておくことが重要です。

↻「有効性確認」を実施しない場合のデメリット

BCPの有効性確認を行わない場合、作成したBCPを非常事態に役立てることができず、目標復旧時間以内の事業再開が難しくなる場合があります。特に中核事業に必要な経営資源がリストアップできていなかったり、再調達計画に不備がある場合は、仮復旧に必要な経営資源が確保できなくなる可能性が高くなります。事業復旧に必要な経営資源の大部分をそろえられても、重要な1つの資源だけが得られず、それ故に事業の再開ができなくなるという事態は避けたいため、事前確認をしておくことが望ましいのです。

「有効性確認」を実施する場合のメリット

　BCPの有効性確認を行うと、実際に緊急事態が生じる前にそのBCPの弱点や抜け漏れを知ることができるため、事前に修正を施すことができるというメリットが得られます。もちろん、想定外の大規模災害が発生した場合などは、テストでも洗い出すことができない不備や不足点が生じる可能性がありますが、少なくとも災害想定で定めた遭遇する可能性が高い災害リスクに対してはきちんとBCPが機能するようにしておかなくては、BCPを策定する意味がありません。有効性確認は基本的にコストをかけずに実施をすることができますので、作成したBCPを無駄にしないためにも行っておくとよいでしょう。

「有効性確認」の本質や意味は何か

　BCP策定の1つのゴールは書類を作成することですので、単にBCPを作って終わりでよいのであれば有効性確認をする必要はなく、そのため、テストの項目について触れていないガイドラインやテンプレートも存在します。しかし、テストを行わなければ労力をかけて作成したBCPが無駄になる可能性があるため、必ず実施すべきです。最も簡易なテストとしては「BCPを外部に開示できるかどうか」というのもあります。本来BCPには経営機密が多く含まれるはずで、外部に開示できるBCPは役立たないことが多いのです。

「有効性確認」はいつ実施するのか

　BCPの書類化が完了し緊急時に用いることができるようになった段階で行います。BCPの内容を確認することはもちろん、普段どこに保管していて、緊急時に誰が持ち出すことができ、どう使えるのかという実態に即した検証を行うことも必要になるため、全てが完成して通常運用の流れに乗せる直前でテストを行う必要があるためです。もちろん、各項目が完了するたびに検証を繰り返しても構いませんし、それができればより効果的ではあります。

「有効性確認」は誰が行うのか

　BCP担当者が中心となって実施しますが、緊急時にBCPが機能するかどうかを確認するためのものですから、現場担当者を含め実際にBCPを使う人を参加

させるようにします。緊急時にBCPの担当者や意思決定者層全員がそろうかは分からないため、むしろBCPを策定していない従業員がこのBCPドキュメントを見て緊急時対応フローにのっとって行動を起こせるかどうかを確認する必要があるためです。テストの結果問題がなければよいのですが、行動が難しい場合は手順書を分かりやすく書き換えたり、内容を見直したりする必要があります。

↻「有効性確認」に費用はどの程度かかるのか

BCPの有効性確認は主に机上テストや演習を通じて行うため、実施すること自体に費用はかかりません。しかし、関連するメンバーが多いため、時間コストはある程度必要となります。頭から終わりまでの総合テストをまとめて行うのではなく、項目ごと、また、想定する災害リスクごとに分けて、少しずつテストを実施してもよいでしょう。

↻「有効性確認」の期間はどの程度必要か

机上テストや演習の準備をするだけであれば1週間程度の時間で済みますが、実施の予告をし、参加者のスケジュールの調整を行い、テストを実施し、問題点や課題を抽出し、改善を行うという全てのプロセスを実施するためには、数カ月の時間が必要になる場合もあります。

「有効性確認」の進め方

BCPは基本的に想定外の緊急事態を対象とした計画であり、当然ながら緊急時対応マニュアルが役立つのは、平時の体制では対応ができない本当の非常事態になります。このときに、救助のためのあの道具が足りないとか、仮復旧のためのこの機材がない、緊急連絡用の電話番号が変わっていてつながらないなど、事前の対策に漏れがあったとしても、もうリカバリーすることはできません。緊急事態に備えた計画はできる限り想定外を潰して、抜け漏れのない準備をしておく必要があります。

一般的な業務マニュアルや手順書であれば、まず簡単に作ってみて、実際に使いながら徐々に内容を拡充したり、不足箇所を追記したりすることができま

すが、BCPの場合はその本番で内容が不足していることは許されませんので、少なくとも緊急時対応マニュアルだけは最初からある程度完成されたものである必要があります。また、BCPが本当に必要な緊急事態というものはそう何度も生じるものではありませんので、前回の反省を生かして次回に役立てるというようなやり方もなじみません。

そこで、個別対応計画が完成して緊急時対応をまとめることができた段階で、BCPが緊急時に使えるかどうか、具体的には最低限の目標復旧水準の業務を目標復旧時間以内に開始できるかどうかをテストしておく必要があります。防災対策が機能するか、計画通りに再調達できるか、手作業で業務を進められるかなど、それぞれの項目について確認していきます。この際に実施するテストは大きく「個別文章確認」と「机上演習」の2つです。

個別文章確認では、中核事業を仮復旧する際の目標復旧水準が正しいかどうか、重要業務に必要な経営資源が足りているかどうか、各経営資源に対して実施する防災対策や再調達の準備が適切であるかどうかなど、ここまで作成したBCPドキュメントの各ワークシートの内容について再度確認します。この際、そのワークシートを作成したBCP担当者や現場担当者以外の者、例えばBCP責任者である経営者や各現場のトップ、もしくは外部の専門家などにドキュメントをチェックしてもらい、客観的に見て内容におかしな点がないか、不足している項目がないか、個別に確認をしていきます。

机上演習では、実際の緊急事態を想定して、特定の災害が生じた場合に初動対応が取れるかどうか、特定の経営資源が失われた場合に手作業による仮復旧が進められるかどうかなど、緊急時にきちんとBCPが機能するかどうかを確認していきます。必ずしも全ての状況を本番同様にする必要はなく、会議室の机上で書類を用いて行動内容をシミュレーションする形式を取るため机上演習と呼ばれています。この際も、BCPを作成した担当者だけでなく、実際にBCPを用いることになる各現場の担当者、BCP策定に携わっていない業務の担当者などに参加してもらうとよいでしょう。

作業34
有効性確認の準備

　テストを行った結果問題がなければそれでよいのですが、課題やよりよい改善点が見つかった場合には速やかに修正しなければ意味がありません。そのため、テストを実施する前に、テストの目的（何をもって良し悪しを判断するのか）、結果、改善ポイントなどを書き込めるようなワークシートを用意し、テストの結果何か行動が必要な場合にそれが抜け漏れなく実施できるようにする必要があります。

　なお、ここで実施するBCPのテストは、最終的にBCPが完成して保守・運用の段階になった際にも継続します。BCPは完成後も定期的に内容の確認をしなければ最新状態を保てず、緊急時に有効に使えなくなる恐れがあるため、定期的な有効性確認が必要となるのです。

作業34│有効性確認の準備

用いるワークシート・資料
　◆様式29：テスト／演習評価シート（P.217）
　◆様式30：テスト／演習改善内容管理シート（P.217）

作業手順　▶個別の評価シートと管理シートを用意する
　　　　　　▶テスト項目を考え、順に実施する

　右ページのようなワークシートを作成してテストを実施する前と後に書き込みをしましょう。なお、このワークシートは有効性確認だけでなく、最後の「作業37：演習や訓練を通じてBCP活用の練度を上げる活動（P.227）」でも用いてBCP完成後の保守を行います。

　個別の評価シートには、テストする対象、テストの内容、結果と改善の必要性を書き込めるようにしておき、最終的な改善内容までを把握できるようにしておきます。また、様式30のような一覧表も作成しておき、全てのドキュメントを確認できているかどうか、事後対応が必要な場合はきちんと実施されているかどうかなどを管理できるようにしておきましょう。

様式29. テスト／演習評価シート

項目		記入内容
基本情報	管理番号	xxxx
	事業	ネットショップ事業
	業務	梱包対応業務
	経営資源	・商品A ・ラッピング資材
	テスト日	YYYY/MM/DD
	テスト担当	○○一郎
事前記入	テスト参加者	○○一郎、○○花子、○○二郎、○○三郎
	テスト目的	平時と異なる梱包資材での商品ラッピングに関する検証。
事後記入	テスト結果	大きな問題はなく緊急時の利用に耐えられることが分かった。
	改善内容	箱の中に詰めるクッション材が不足しそうなため新聞紙を保管する。

様式30. テスト／演習改善内容管理シート

管理番号	テスト／演習内容	改善内容	更新日	状況
xxxx	商品ラッピングテスト	新聞紙の備蓄	YYYY/MM/DD	実施済み
xxxx	PC代替テスト	USBメモリの用意	YYYY/MM/DD	実施済み
xxxx	スマートフォンによる受注確認テスト	Bluetooth外付けキーボードの準備	YYYY/MM/DD	注文済み
xxxx	安否確認訓練(XX年)	ドメイン指定受信の解除設定を指示する	YYYY/MM/DD	実施済み
xxxx	安否確認訓練(XX年)	LINEの使い方講習が必要そうである	YYYY/MM/DD	実施済み

作業35
個別文章確認（ドキュメントの個別チェック）

　第4章「経営資源の特定」で抽出した、BCPで守るべき範囲と定めた内容が正しく計画されているかどうかを確認します。中核事業カード、重要業務カード、経営資源カードを読み合わせる形式で、内容に矛盾はないか、実施不可能なことが書かれていないか、不足しているものはないかなど、個々の内容についての確認を行います。

作業35｜個別文章確認（ドキュメントの個別チェック）

用いるワークシート・資料
- ◆様式29：テスト／演習評価シート（P.217）
- ◆様式30：テスト／演習改善内容管理シート（P.217）
- ◆様式13：中核事業カード（P.123）
- ◆様式14：重要業務カード（P.124）
- ◆様式16：経営資源カード（P.131）
- ◆その他、作成した各種のワークシート

作業手順
- ▶テストに必要な資料を準備する
- ▶中核事業カードの内容が誤っていないか確認する
- ▶重要業務カードの内容が誤っていないか確認する
- ▶経営資源カードの内容が誤っていないか確認する
- ▶その他、備蓄品一覧、連絡先一覧などの管理表の内容が誤っていないかを確認する

中核事業の確認

　中核事業として選択した事業を継続させることで本当に自社を守ることができるのかを確認します。ただし、万が一事業に対する優先順位の付け方が誤っており、他の事業をBCPの適用対象とするべきだという見直しが入ったとしても、その時点で無理やりBCPを作り直す必要はありません。この後の「作業38：BCPのバリエーションを増やす活動（P.231）」で述べますが、1つのBCPが完成した後は、対象とする中核事業や災害リスクを徐々に追加して複数のBCP策定を行うべきで、テスト段階で上記のような見直しが入ったとしても、既存のBCPはそれとして完成させ、新たに他の事業を守るためのBCPを策定すればよいのです。

重要業務の確認

　中核事業には複数の目標復旧水準を設けて少しずつ復旧のレベルを高めていけるように仮復旧の段取りをつけますが、各水準で行うべき業務がきちんと設定されているかを確認します。「とりあえず在庫分だけ出荷」「駐車場でよいので営業再開」など、事業再開のレベルはさまざまに設定されますが、それぞれ必要となる業務がきちんと重要業務として設定されているかどうか、経営者や他事業の責任者などに客観的に確認してもらうとよいでしょう。

　また、重要業務について特定の内部資源が失われた場合や、外部の経営資源が利用できなくなった場合に手作業で業務を維持できるかという検討をしていますが、本当にその手作業が有効かどうか、現実的かどうかについても確認し、無理があるようであれば現実的な方法に改めなくてはなりません。

経営資源の確認

　最も時間がかかるのが個々の経営資源の確認です。「様式16：経営資源カード（P.131）」を用意し、業務を行うための経営資源が足りているかどうか、事前の防災対策、再調達の準備は適切かどうか、緊急事態が生じた場合の仮復旧の手順は正しいか、現実的に可能かどうかなどを確認します。経営資源カードを作成した従業員以外の者に見てもらい、気付いていなかった問題点を探せるようにしましょう。「作業17：ボトルネックとなる経営資源を定める（P.143）」

を併せて確認し、ボトルネックと指定された経営資源が妥当かどうか、他に仮復旧の足かせとなりそうな経営資源がないかも確認します。

その他の一覧表

さらに、備蓄品一覧、救助用品一覧、従業員連絡先一覧、緊急連絡先一覧など、緊急時対応マニュアルと併せて用いることになる各種リストについても、現時点で最新状態になっているか、項目に抜け漏れがないかなどを確認しておきましょう。これらのリストについてはBCPが完成した後も定期確認が必要となりますので、各一覧表に記載しておきます。

作業36
実地テスト・机上演習（緊急時を想定した有効性確認）

中核事業・重要業務・経営資源個々の整合性確認ができたら、実際の緊急事態を想定した机上演習を行うことで、作成したBCPが緊急時に有効活用できるかどうかを確認しておきます。実際に災害が起きた場合の影響を再現することは不可能ですから、「○○が起こったとしたら」「○○がなくなったとしたら」というケースを想定した、机上によるシミュレーションを実施することになります。

作業36｜実地テスト・机上演習（緊急時を想定した有効性確認）

用いるワークシート・資料
- ◆様式29：テスト／演習評価シート（P.217）
- ◆様式30：テスト／演習改善内容管理シートP.217）
- ◆様式24：緊急時対応管理表（P.183）
- ◆様式25：緊急時ウェブサイト更新マニュアル（P.187）
- ◆様式26：対策本部設置手順シート（P.193）
- ◆様式27：被害状況確認シート（P.196）

作業手順
▶実地テストで物理的な対応手順を確認する
▶机上演習で仮復旧までの行動を確認する

実地テスト

　安否確認システムの動作や代替設備の動作など物理的に動かすことができる項目について、実際にテストをすることで緊急時の動作を確認します。事前防災対策・個別防災対策・再調達計画などを策定する段階では、BCP担当者や現在の現場担当者が中心になって実施していますので、緊急時に使用することになる実際の担当者に実地テストをさせることが重要になります。

①安否確認システム

　安否確認システムを導入した場合、またはLINE、Facebook、Twitterなどのウェブサービスによる安否確認のルールを導入した場合、ともに全従業員および対象としている家族を含めたテストが必要です。電話番号やメールアドレスが正しく登録されているかどうか、ドメイン受信拒否設定をしていないかなど、実際に送信して全員からの返信が得られるまで確認します。ウェブサービスを用いて安否確認を実施する場合は、そもそも利用開始ができていなかったり、アカウントが登録されていても使い方が分からなかったりという恐れがありますので、全員と連絡ができるようになるまで教育を含めた確認が必要となります。

②予備設備や代替機材による再調達

　業務に必要な設備を予備の設備で代替する場合や、インフラの途絶に備えて発電機などを用意している場合、正常に作動するか、必ず一度は動作テストを行っておく必要があります。また、できるだけ実際に用いる環境に近づけてテストを行うことが望ましく、例えば用意した機材は正常に動かせたが重量が重くて台車がないと移動できないことが分かったとか、普段の設備と同様に室内で稼働させようとしたところ騒音がすごすぎて屋外でなければ使用できないことが分かったなど、想定外の課題が見つかることもあります。

机上演習

　机上演習では、実際の緊急事態を想定した有効性確認を行います。主に緊急事対応マニュアルが想定通りの作りになっているかが確認のポイントです。

①初動対応と状況確認

　緊急事態が生じた場合に、指示を出すBCP担当者や上司が不在であっても適切な初動対応が取れるかを確認します。従業員に完成したBCP（緊急時対応マニュアル）を配布し、何かしらの災害が生じた場合にどういった行動を取るかということをヒアリング形式で確認していきます。この場合の「何かしらの災害」は、大地震、洪水、津波などの自然災害がイメージしやすく適当です。全ての従業員が初動対応を取れるようにすることがテストのゴールとなりますが、教育はこの後の第10章「保守・運用」でも実施しますので、ここでは主にマニュアルの不備の有無、読ませることで理解させることができるかという点を重点的に確認します。

　全ての従業員に緊急事態の初動対応をたたき込むことは現実的ではありませんが、少なくとも緊急時対応マニュアルを見れば何をすればよいのかが分かるようになっていなければ、緊急時用のマニュアルの意味がありません。説明不足の点はどこか、分かりづらい点はどこかなどを確認し、修正していく必要があります。

②仮復旧

　仮復旧時の手順を確認します。業務ごとの確認は前述の個別文章確認で実施していますので、ここでは複数の部署、複数の担当者、複数の業務を連続させて、事業として成立させられるかどうかを机上で確認します。例えば、「梱包」「出荷」の各業務の内容は問題がないが、この２つを連続させた際に矛盾がないか、「営業担当者による取引先への連絡」と「調達担当者による仕入れ先への連絡」を同時に行うようなフローを想定していたが、通信回線の途絶に備えて導入を決めた衛星携帯電話は１台しかないため優先順位を付ける必要があるなど、平時には特に問題がないことでも、使える経営資源が限られる緊急事態においては問題が生じる場合があります。業務の異なる複数の担当者を交えて、ドキュメントを用いた机上テストを実施し、問題点を洗い出します。

「有効性確認」は中小企業の場合にどう考えるか

　BCPをコンサルティング会社などに依頼して策定した場合や、専門家に先導してもらいながら策定した場合は、ある程度の完成度を持ったBCPが最初から完成しますが、社内で頑張って作った場合は、必ず抜け漏れが発生します。そのため、中小企業の方がむしろ有効性確認はきちんと行っておくべきで、BCPの作成とテストはセットであると考えるべきです。ただし、立派な演習などをわざわざ行ってテストをする必要はなく、机上演習や現場担当者を交えた打ち合わせでBCPの読み合わせを行い、矛盾点や無理がないか確認する程度でよいでしょう。

「有効性確認」の用語解説・一般的な手法

　BCP書類を完成させることがゴールとされているガイドラインやテンプレートの場合、有効性確認に関する項目はそもそも記載がないことも多いのですが、緊急時に機能するBCPを作る場合には、テストをきちんと行うことが重要です。テストの実施についてあまり触れられていないのは、重要ではないからではなく、単にその資料の範囲ではないからです。有効性確認は省略せずにきちんと実施してください。

「有効性確認」の次に行う項目

　有効性確認テストを行い、問題点があった場合はその項目へ戻り修正を施します。全ての問題点がクリアになれば、「保守・運用」へと移行して、BCP策定の初期構築プロジェクトは完了します。本書もいよいよ次の第10章が最終章となります。あと一息ですので頑張りましょう。

10章
保守・運用
～BCM・事業継続管理について～

BCPは作って終わりではなく継続的な保守・運用が不可欠です。いつでも有効に活用できるよう、連絡先を更新したり、取引先を入れ替えたり、新しい設備を導入した際の防災／再調達プランを作成したりと、書類を最新状態に保つための維持活動を行います。

○「保守・運用」を実施する目的

BCPの保守・点検を行う目的は、BCPの内容を常に最新状態に保つことで、いつ緊急事態が生じても有効に活用できるようにすること、また、徐々にBCPで対応する範囲を広げていくことで、自社の緊急事態に対応する能力を高めていくことです。

○「保守・運用」を実施しない場合のデメリット

BCPの保守・運用を行わないと、例えば経営資源の一覧表や連絡先の一覧表などの情報など、常にメンテナンスをしなければ情報が古くなる資料が役に立たなくなり、緊急時にBCPを有効活用することが難しくなります。緊急時対応のフローはそう変化するものではありませんが、その際に必要なものの一覧表は、業務の内容や使っている道具が変われば変化しますし、事前防災や再調達計画も見直す必要があります。連絡先も古いままであれば何の役にも立ちません。いざBCPを発動して手順に従い事業の仮復旧を行おうとしても、書いてあることが役に立たなければ、目標復旧時間以内の業務再開が難しくなる恐れがあります。

第10章 保守・運用

⤴「保守・運用」を実施する場合のメリット

　BCPの保守・運用を行っていると、BCPの内容が現在の事業に即する形で常に最新状態となるため、緊急事態が生じた際に有効に活用することができます。また、災害想定の範囲を広げて徐々に対応すべき災害リスクの幅を広げることで災害発生時に被害を抑えやすくなったり、中核事業を新たに定めることでより広い範囲に対する備えを行えるようになることがメリットです。

⤴「保守・運用」の本質や意味は何か

　BCPの保守・運用は、BCPの範囲ではなくBCM：事業継続マネジメントであると定義するガイドラインや考えもあります。実際、内閣府の「事業継続ガイドライン第三版」では、特に大企業においてすでにBCPの普及が一段落したため次は保守・運用のフェーズであるとして、BCPよりBCMに力を入れるべきとしています。しかし、つまりやるべきことはBCPを常に使える状態に維持すること、最適な状況に見直しをし続けることという２点ですから、無理やり用語を分けて異なる概念として取り扱う必要はありません。BCPの一環としてきちんとメンテナンスし続けましょうという認識で十分なのです。

⤴「保守・運用」はいつ実施するのか

　BCPの策定と有効性確認が全て完了したら、次の段階のタスクとして保守・運用を実施していきます。ただし、例えば中核事業の見直しを行ったり、中核事業として定めていた取引先に変更や変化が生じたり、あるいは新しい災害リスクに対する備えを行うという場合には、BCPを全て、もしくは項目別にやり直す必要がありますので、BCPの作成と保守・運用を並行しながら実施することとなります。

⤴「保守・運用」は誰が行うのか

　スケジュールの管理や実施後の点検などはBCP担当者が行いますが、具体的な更新作業はBCP担当者が各現場担当者に依頼する形で実施することになります。備蓄用品の入れ替えや連絡先一覧表の更新は総務担当者に定期的に依頼する、新しい設備を導入した際には個別防災や再調達の計画を現場担当者と相談

225

して決める、また、中核事業や主要な取引先を含むBIA：事業影響度分析の見直しは経営層に依頼するなど、それぞれ必要な項目を担当者に依頼することがBCP担当者の作業になります。

♻「保守・運用」に費用はどの程度かかるのか

　BCPの策定後に継続的に行い続ける業務ですので、そのための人件費などはかかり続けます。また、備蓄品や防災用品の入れ替えを行う際にも、その都度コストが発生します。新しい設備や機材を導入する際には、それが中核事業にひも付くものである場合は個別防災や再調達計画を実施する必要があり、さらに物理的な対策が必要であれば費用がかかります。基本的にリスク管理を継続的に実施するためにそれに見合った費用が必要なため、自社の業績と照らし合わせてどの程度の金額を緊急事態への備えに振り分けるかを定める必要があるでしょう。

♻「保守・運用」の期間はどの程度必要か

　BCPを維持する間は継続的に行い続ける必要があるため、終わりという概念は存在しません。また、リストなどを最新状態にするという定期的な保守作業自体はそれほど時間がかかるものではありませんが、災害想定やBIAをやり直してBCPの対応範囲を広げるような修正を施す場合は、各項目を実施したのと同じ程度の時間が必要となります。

「保守・運用」の進め方

　BCPの書類化が完了し、有効性の確認もできたら、BCPは作成段階から保守・運用の段階へ移行します。保守・運用の内容は下記の3点に集約されます。

作業37 ▶演習や訓練を通じてBCP活用の練度を上げる活動

- BCPを発動させる演習を行い社内への定着を図る
- 救命講習や消火訓練などを行い従業員のスキル向上を図る

作業38 ▶ BCPのバリエーションを増やす活動
- 中核事業を増やして守るべき対象を追加する
- 想定リスクを増やして防災対策を強固にする
- 非常時専用の事業を開発し攻めのBCPを定める

作業39 ▶ 記述内容を最新状態に保つ活動
- 従業員や取引先の連絡先などを更新する
- 中核事業の業務で用いる新しい機材を購入したら個別防災対応に追加する
- 主要な取引先が替わった場合などはBIA：事業影響度分析をやり直す
- 事業所を移転させた場合などはRA：リスクアセスメントをやり直す

　BCPは完成した直後が完成度のピークで、メンテナンスをしなければ時間の経過と共にどんどん役立たない、事業の実態とずれた計画になってしまいます。そのため定期的に見直しを行い、常に稼働できる状態にすることが重要です。しかし、BCPを更新することが目的になってしまうのはコストばかりかかる結果となるため望ましくありません。BCPの更新を通じて継続した経営改善が行えるよう、攻めのBCP保守が行える計画を立てて実施しましょう。

作業37
演習や訓練を通じてBCP活用の練度を上げる活動

　事業や業務の内容、経営資源は日々変化します。経営資源が変化すれば緊急時に対する備えの内容も変わるため、BCPの策定から時間がたつほどに現実の事業と経営資源を守るための計画にギャップが生じていきます。とりわけ緊急時における初動対応を的確に実施するためには、応急救護や安否確認などをスムーズに行う必要があり、従業員1人1人に対して必要な知識や技術を教え込んでおく必要があります。そこで、第9章「有効性確認」で行ったBCPに対するテストを定期的に実施して緊急事態に対応できるか確認したり、救命講習や避難訓練を通じて非常時の行動を従業員に身に付けさせたりと、BCP活用の練度を上げるための活動を実施する準備をしておきましょう。

> **作業37｜演習や訓練を通じてBCP活用の練度を上げる活動**
>
> **用いるワークシート・資料**
> ◆様式29：テスト／演習評価シート（P.217）
> ◆様式30：テスト／演習改善内容管理シート（P.217）
> ◆様式31：従業員別　防災・BCP訓練受講管理表（P.229）
>
> **作業手順**　▶BCP全体の定期的なテストを行う準備をする
> 　　　　　　▶従業員の個別訓練を実施する準備をする

●BCPの定期テスト

　第9章「有効性確認」で用いたテスト／演習評価シート及び内容管理シートを用いて、定期的にBCPの有効性を確認します。実施すべき内容は有効性確認で行った文章確認と机上演習の2つが中心になります。毎回全てのドキュメントを確認する必要はありませんが、文章確認については、事業や業務内容が変更された場合、新しい設備を導入した場合、新規入社・退職が発生した場合、そして取引先や利用中の外部サービスに変更が生じた場合などは該当する経営資源に関する確認を行うようにしましょう。

　BCPはさまざまなケースで役立たなければなりません。そのため、社内への定着を兼ねて定期的に演習を行い、BCPがきちんと機能するかどうかをチェックする必要があります。机上演習については年1～2回の頻度で実施できるようにスケジュールを組むのが適当です。就業時間中の災害発生、就業時間外の災害発生、社長や責任者がいるかどうか、発生した災害の種類、繁忙期か閑散期かなど、毎回想定する災害リスクや利用できなくなる経営資源を変更し、さまざまな状況で確認できるよう少しずつ積み重ねていきます。

●従業員の訓練

　BCPの定期テストで個々の経営資源に対する準備の状況を確認しますが、最終的にBCPを活用するのは人であるため、従業員に対して緊急時に対応するための知識や技術を身に付けさせ、スムーズに行動ができるようなスキル訓練をしておく必要があります。この際、誰がどんな訓練を受けたのか、どんなスキ

ルを保有しているのかを把握しておく必要がありますので、様式31のような一覧表でスキルを確認できるようにしたり、「様式9：緊急情報カード（個人情報収集に関するアンケート）（P.101）」を用いて従業員個々の状況を記述しておいたりすることが重要です。

様式31．従業員別　防災・BCP訓練受講管理表

社員番号	氏名	救命講習	消火訓練	避難訓練	机上演習
1	○○一郎	YYYY/MM/DD	YYYY/MM/DD	YYYY/MM/DD	YYYY/MM/DD
2	○○二郎	YYYY/MM/DD	YYYY/MM/DD	YYYY/MM/DD	YYYY/MM/DD
3	○○三郎	YYYY/MM/DD	未受講	未受講	未受講
4	○○四郎	未受講	未受講	未受講	未受講
5	○○五郎	未受講	未受講	未受講	未受講
6	○○花子	未受講	未受講	未受講	未受講

①初動対応訓練

　緊急事態が発生した直後に、BCP担当者や上司の指示がなくても従業員が定められた緊急時対応を実施できるようにするための訓練です。「様式24：緊急時対応管理表（P.183）」の内容を従業員に把握させ、自分がまず何をしなければならないのかを覚えさせておくことが重要です。

　また、「様式5：救助用品／応急救護用品一覧表（P.86）」で準備した救助用品や応急救護用品を適切に使えるよう、消防署などが実施している普通救命講習を受講させたり、救助用品を実際に触らせてみたり、また消火訓練などに参加させたりするなども考えられます。

②緊急避難訓練

　自社が海や川に面していたり、地震の際に火災が発生しやすい地域にあったり、大きな工場や発電所などの付近にあるなど、避難を要するような事態となりやすい場所に立地している場合、緊急避難訓練も定期的に行います。性質上マンネリ化しやすい訓練であるため、ただ漠然と実施するのではなく、緊急持ち出し品をすぐに用意させたり、設備を緊急停止させる訓練を行うなど、初動対応を意識した避難訓練を実施するとよいでしょう。

③安否確認訓練

　安否確認システムを導入している場合、受信者のメールアドレスや電話番号が変更されていないかを確認するためにも、定期的な受信・返信の訓練を行う必要があります。連絡先を変更したら申し出るようにという社内ルールを設けてもなかなか徹底されないのが常ですので、できれば月に1回、長くとも半年に1回程度の頻度で安否確認訓練を実施しましょう。一方、安否確認システムを導入せず、連絡網形式や報告形式で安否の確認を取る場合も、同様の理由で定期訓練が必要です。

　また、安否確認システムや連絡網と併用して、LINE、Facebook、Twitterなどのウェブサービスを用いた安否確認方法を導入した場合は、連絡先の定期確認と併せて使い方の確認やアプリケーションのアップデートも定期的に実施する必要があります。特に、緊急時に普段と異なる端末（パソコン・スマートフォンなど）から連絡をする必要が生じる場合もありますので、ID／パスワードをどこかに控えておき、普段と異なる環境でも連絡が取れるかを確認することも重要です。

④業務の代替訓練

　業務の仮復旧を手作業で実施する計画を立てている場合、普段と異なる手順の作業がきちんと行えるか訓練を通じて確認しておく必要があります。有効性確認でもテストは行っているはずですが、異動や退職によりBCPを策定した当初と現場の担当者が異なっている場合もありますので、マニュアルや手順書の整備と併せて、実際に代替作業をやらせてみるという訓練も必要です。

POINT 救命講習や消火訓練などを行い従業員のスキル向上を図る

　第3章「事前防災対策」で紹介した共通防災の延長となりますが、非常時に備えた防災スキルを身に付けさせておくことは重要です。BCPのドキュメントを改善させたり、人の調達計画の一環として業務の多能工化を図るだけでなく、実際に非常時に使えるスキルを習得させることも必要です。こうした活動は単にやれと命令するだけでは動きません。社長自ら率先してスキルの習得に努めるとか、インセンティブの対象にするとか、何かしらのモチベーションを付与することが重要です。

作業38
BCPのバリエーションを増やす活動

　BCPの種類は1つに限定されるものではなく、守る対象である中核事業をどれにするか、どの取引先を優先するか、また防災で対応する災害リスクをどれにするかなどの観点により、用途に応じた複数のBCPを作成することがあります。業種や業界によっては、自然災害以外のリスクにも対応しなければならない場合もあるため、まず基本となるBCPが完成した後は、訓練などの様子を見ながら徐々に対応できる緊急事態を増加させていきます。

作業37 | BCPのバリエーションを増やす活動

用いるワークシート・資料
　◆様式32：BCP一覧表（P.232）

作業手順　▶BCPで対応する災害リスクの追加を計画する
　　　　　　▶BCPでカバーする中核事業の追加を計画する
　　　　　　▶緊急事態専用の事業を計画してみる

様式32. BCP 一覧表

中核事業	目標復旧水準	目標復旧時間	想定リスク	策定日時
ネットショップ事業	30%・既存注文分のみ出荷	2日以内	大地震(揺れ)	YYYY/MM/DD
	50%・在庫のみ営業	5日以内	大地震(津波)	YYYY/MM/DD
	80%・仕入まで営業	2週間以内	大雨(洪水)	YYYY/MM/DD
	標準版のBCP、想定リスクも全般としている。 他のBCPを追加する際のテンプレートとして用いることを想定。			
ネットショップ事業	30%・消費期限商品のみ	1週間以内	新型インフルエンザ	YYYY/MM/DD
	50%・セール以外の商品のみ	1カ月以内		YYYY/MM/DD
	80%・通常業務は再開	2カ月以内		YYYY/MM/DD
	災害リスクに新型インフルエンザを用いたBCP。従業員以外の内部資源に影響はないと判断し、通常よりも少数人員で回すために受注対象商品を目標復旧水準で絞ることを想定する。			

↻ 中核事業を増やして守るべき対象を追加する

　中核事業の優先順位を定める際に同程度に重要な事業が2つあり、どうにか優先度を定めた場合など、2番手の事業を守る対象として追加してもよいでしょう。繁忙期の異なる事業が複数ある、取引先の地理条件が異なる事業が複数ある、個人向け・法人向けなど顧客ターゲットの異なる事業が複数あるなど、BCPとして守る対象にする事業を追加すると全社的な災害耐性が高まり、対応力が向上します。

↻ 想定リスクを増やして防災対策を強固にする

　災害リスク想定を追加することも有効です。初回は地震対策をメインにBCPを策定した場合であっても、自社が襲われるリスクがある災害を順次追加することが望まれます。また、新型インフルエンザのような広域災害、自社・他社による不祥事など自然災害以外のリスクについても、順次追加して対応力を強化しましょう。

POINT 非常時専用の事業を開発し攻めのBCPを定める

非常時専用の事業を開発し、BCPを攻めに活用することもできます。例えば、生鮮食品の販売に強いスーパーマーケットが、BCPとして生鮮食品販売の早期再開を計画したとします。しかし災害時には生鮮食品の取り扱いが難しくなるため、例えば缶詰やレトルト食品などの販売を強化することによって売上アップにつながるでしょう。また、老舗の和菓子屋が大地震の際に和菓子ではなく炊き出し用のおにぎり製造をしばらく続けられるようにするなど、地域に根ざした商売をしていると非常時特有の業務が求められる場合があります。こうした非常時用の事業をBCPの中核事業として仮置きし、そのために必要な経営資源をリストアップ、調達できるようにまとめておくことが必要となります。

作業39
記述内容を最新状態に保つ活動

保守・運用作業の最後に、ここまでに作成した全ての様式を一覧表にして、各ワークシートの更新の有無、必要な場合はその期間を記入し、更新作業を行えるよう整理しておきます。お疲れさまでした！

作業39 | 記述内容を最新状態に保つ活動

用いるワークシート・資料
　◆様式28：BCP様式一覧表（P.210）

作業手順
- ▶連絡先や備蓄品一覧などのリストを最新状態に更新する
- ▶業務用の機材や設備の導入、新しいサービスの利用を開始したらBCPの個別対応プランに対策を追加する
- ▶中核事業や拠点に変化が生じた際は、BIA・RAを再度行う

↻ 従業員や取引先の連絡先などを更新する

　安否確認システムを用いている場合も、従業員の連絡先を一覧表にしている場合も、従業員が新たに入社したり退職したりした場合は、連絡情報を更新する必要があります。また、従業員が携帯電話を買い換えたりした場合、連絡先が変更になることがありますので、既存の従業員に対しても定期的に登録されている連絡先が正しいかどうかの確認を行うことが必要です。

↻ 中核事業用に新しい機材を購入したら「個別対応計画」に追加する

　設備や機材などの経営資源は一定期間で入れ替えます。新しい機材を導入したり、業務で用いる設備が更新された場合などは、BCPの個別対応プランの内容を更新して、防災対策と再調達計画の内容を見直し、必要があれば物理的な対応を施す必要があります。設備の修理を依頼できるメーカーの連絡先を修正したり、機材の説明書のコピーをBCPのサブツールとして添付するなど、内容の更新を行うことが必要となります。

↻ 主要な取引先が変わった場合などは「経営資源の特定」をやり直す

　会社の主力事業は1つで、特に有力な取引先に対する納品を中核事業にしている場合などは、主要な取引先が替わるたびにBCPの内容を更新する必要があります。取引先が替わるだけで業務内容、製造工程などに変化がなければ連絡先の更新程度で済みますが、納品物が変更になる場合などは重要業務を見直さなければなりません。

↻ 事業所を移転させた場合などは「災害リスクの想定」をやり直す

　事務所の引っ越しをしたり、新たな工場や店舗、営業所を構えた場合は、拠点ごとに災害リスクの想定をして新たな災害リスクに備える必要があります。住所は変わらずとも、例えばビル内でフロアを移転したとか、社屋を建て替えたという場合にも想定リスクが変わることがありますので、見直しが必要となります。

☞「保守・運用」は中小企業の場合にどう考えるか

　BCPは作って終わりというものではなく、会社経営手法の1つですから、BCPを策定した後は、当然、終わりのない保守・運用が発生します。大企業の場合は見直しの対象が多いためそれなりの維持コストが必要となりますが、中小企業の場合は従業員の入れ替えがそれほど多くなかったり、経営資源の数も大企業ほど多くなかったりしますので、それほど莫大な維持コストを必要としません。

☞「保守・運用」を経営改善に生かすポイント

　BCPの保守・運用において定期的にBIA：事業影響度分析を実施することは、自社の経営戦略を定期的に見直すことにつながりますので、経営改善の大きな助けになります。時間がたてば自社にとって最も重要な事業も変化しますし、最も優先しなければならない取引先も変わってくる可能性があります。BCPそのものが経営改善に役立つため、BCPを維持するための保守・運用も経営改善に役立つといいきってよいのですが、その中でも特にBIAの継続実施が経営改善に直接的なよい影響を与えます。

☞「保守・運用」の用語解説・一般的な手法

　BCPを策定した後の保守・運用・演習・訓練などは、BCM：事業継続マネジメントと呼称されてBCPを含む包括的な考え方として紹介されることが増えています。しかし、中小企業が策定するBCPの実務面において、BCPとBCMを使い分ける必要はありません。

おわりに

　元々私はBCPや防災の専門家ではなく、異業種の民間企業で働く一介のサラリーマンでした。会社では「専門家」と呼ばれる方々のマーケティング活動を支援する事業に従事しており、防災関連の仕事をしたことはありませんでした。そんな中、2011年に本業の一環として私自身が何かしらの専門家として活動をする必要に迫られ、この際に選んだ領域が、趣味で書いていたブログのテーマである「家庭の防災」だったのです。

　当初は自称専門家として始めた活動でありましたが、徐々に講演や執筆の仕事を得られるようになりました。2013年の6月には本書の発行元でもあるウィズワークス様よりお声がけをいただき、中小企業向けの安否確認に関する記事を執筆する機会をいただきました。さらに同年、ソニー生命様が主催する中小企業向けのBCPセミナーで講師をさせていただいたことが、BCPの専門家として活動を始めるきっかけになりました。

　BCP関連の活動を始めた当初は、素人より多少マシという程度の知識しか持ち合わせていなかったため、世に流通している資料や書籍を大量に集めて読みあさりました。しかし、総論解説や国のガイドラインの焼き直しに近い書籍が多く、中小企業が自力でBCPを作成するために役立つものはほとんど存在しませんでした。そこで、まずは素人同然であった私自身が理解できるような、そして本業の会社のBCPを自力で策定できるような、分かりやすさと具体性を重視したセミナー開発に勤しみ、その内容の改善を毎回行ってきました。当書は2年間のセミナー活動の集大成であり、「緊急時に役立つBCPを自力で作ることができる」という点に関しては、他の書籍に負けていないという自負がございます。

　専門家ではなくBCP作成の現場担当者の目線で書かれた、自社のBCPを策定するための作業内容が満載のパーフェクトマニュアルです。実際に作業をするBCP担当者の方にご活用いただければ幸いです。

おわりに

　……と、このような経緯を経て生まれた本書には、出版までに多くの皆さまのお力添えをいただいております。まず、本書の出版元でもあるウィズワークス株式会社の雑誌『月刊総務』を通じて私にBCPというテーマを与えてくださいました編集長の豊田健一様、ならびにその後のBCPセミナー活動のきっかけを作ってくださいました同社社長の林利和様、そして本書の執筆という大役をお与えくださり、その後の編集においても大変お世話になりました高橋大輔様に御礼申し上げます。

　また、BCPの専門家として未だ実績が少なかった私を、自社のBCPセミナーの講師として抜擢いただいたばかりか繰り返し起用を続けてくださいましたソニー生命保険株式会社の松田一夫様、ならびにセミナー運営において毎回お世話になりました運営事務局の皆さまに対しましても、重ねて御礼申し上げます。この一連のセミナーを通じて私自身もBCPを学ぶことができ、また今回の書籍執筆の基礎として役立てることがかないました。

　さらに本業であるサラリーマン稼業において、業務と並行して行っていた防災・BCPの専門家活動を認めるばかりか推奨してくださいました株式会社エンファクトリー代表である加藤健太様、ならびにチームメンバーと、私がこの世界に身を投じる直接的なきっかけとなった専門家プロファイルサービスにも、感謝をいたします。当初は本業の一環として始めた専門家活動でしたが、本書の出版もきっかけの1つとして、無事サラリーマン稼業を卒業することができました。

　そして最後に、4カ月に渡る執筆期間中、一切の家族サービスを放棄した私を、それでも夫として父親として見捨てることなく応援し続けてくれた、妻と2人の息子にも感謝をし、皆さまへの謝辞とさせていただきます。本当にありがとうございました。

　2015年5月

髙荷智也

【著者プロフィール】

髙荷智也（たかに・ともや）

備え・防災アドバイザー／BCP策定アドバイザー

ソナエルワークス代表。防災情報メディア：備える.jp (http://sonaeru.jp) 運営者。「備え・防災は日本のライフスタイル」をテーマに、個人に対しては"自分と家族が死なないための防災対策"のノウハウを、企業に対しては"経営改善にもつながる緊急時に役立つBCP"の作成手順を、自身が運営する防災ウェブサイト、各種メディアやセミナーを通じて解説するフリーのアドバイザー。徹底した現場視点で構築された分かりやすく実践的なアドバイスには定評があり、テレビ・新聞・雑誌などへの出演も多い。対象領域は多岐にわたり、個人向けには地震や風水害などの自然災害、新型インフルエンザなどの感染症対策、企業に対するBCP策定手順までを解説する。また、大学で専攻していた原子力工学の知識を生かした原発事故や放射線に関する対策にも詳しい。一貫して、災害が生じる原因ではなく災害が生じた場合に何をすればよいのか、どんな準備をしておけばよいのかという視点でアドバイスを行っている。1982年静岡県生まれ。

中小企業のための BCP策定パーフェクトガイド

Nanaブックス　0127

2015年6月21日　初版第1刷発行

著　者	髙荷智也
発行者	林　利和

発行所　ウィズワークス株式会社
　　　　〒160-0022
　　　　東京都新宿区新宿1-26-6　新宿加藤ビルディング5F
　　　　TEL　03-5312-7473
　　　　FAX　03-5312-7476
　　　　http://wis-works.jp/
　　　　※Nanaブックスはウィズワークス株式会社の出版ブランドです

装　丁	井上祥邦（yockdesign）
DTP	福原武志
校　正	鈴木健一郎

印刷・製本　三松堂株式会社

©Tomoya Takani 2015 Printed in Japan
ISBN 978-4-904899-48-9

落丁本・乱丁本は、送料小社負担にてお取り替えいたします。